Direitos do Doméstico

Wladimir Novaes Martinez
Advogado especialista em Direito Previdenciário

Direitos do Doméstico

Lei Complementar n. 150/15
Lei n. 13.135/15
MP n. 676/15

LTr®

LTr

EDITORA LTDA.

Rua Jaguaribe, 571

CEP 01224-001

São Paulo, SP – Brasil

Fone: (11) 2167-1101

www.ltr.com.br

Agosto, 2015

Versão impressa: LTr 5349.3 – ISBN 978-85-361-8548-4

Versão digital: LTr 8792.1 – ISBN 978-85-361-8562-0

Dados Internacionais de Catalogação na Publicação (CIP)
(Câmara Brasileira do Livro, SP, Brasil)

Martinez, Wladimir Novaes

Direitos do doméstico : Lei complementar n. 150/15, Lei n. 13.135/15, MP n. 676/15 / Wladimir Novaes Martinez. — São Paulo : LTr, 2015.

Bibliografia.

1. Benefício previdenciário 2. Direito do trabalho — Brasil 3. Empregados domésticos 4. Empregados domésticos — Leis e legislação — Brasil 5. Seguro social I. Título.

15-06490 CDU-34:368.4:331(81)

Índice para catálogo sistemático:

1. Empregados domésticos : Brasil : Leis e legislação : Direito do trabalho e previdenciário 34:368.4:331(81)

Sumário

Tomo I — Apresentação do Tema

Tomo II — Direitos Previdenciários

Tomo III — Direitos Trabalhistas

Tomo IV — Aspectos Diversos

Apêndice

Tomo I
Apresentação do Tema

À Guisa de Introdução

Este opúsculo pretende examinar as obrigações e os direitos do doméstico em função do advento da Lei Complementar n. 150/15, aqui designada como Lei dos Direitos do Doméstico (LDD).

Ela substituiu a Lei n. 5.859/72 e alterações subsequentes, de certa forma regulamentou a EC n. 72/13, modificando a pretensão às prestações previdenciárias e regulando aspectos trabalhistas da relação jurídica estabelecida com o empregador doméstico.

Devidamente capitulados em 90 títulos, os temas foram abordados em três tomos distintos:

Tomo I — Direito Previdenciário

Tomo II — Direito do Trabalho

Tomo III — Aspectos diversos

Como se verá, quando de dúvidas trabalhistas, será útil consultar a CLT. Ao elaborar o texto normativo ora apreciado, de modo singelo o legislador louvou-se em alguns institutos técnicos do Direito do Trabalho. Com o Decreto-lei n. 5.452/43 à mão fê-lo pensando que o doméstico é semelhante ao empregado; note-se que não é.

À evidência também valem remissões cabíveis ao PCSS (Lei n. 8.212/91) e ao PBPS (Lei n. 8.213/91). Até mesmo ao RPS (Decreto n. 3.048/99). Claro, a IN INSS n. 77/15.

Como observado da leitura da LDD, se verá que há respeitável semelhança com o trabalhador celetista definido no art. 3º da CLT, mas não total identidade. Para identificar os institutos mencionados remissíveis bastará consultar o texto da EC n. 72/13, em particular os seus 25 incisos.

Evidentemente, ao longo do tempo futuro aguardam-se muitas decisões do TST, jurisprudência e súmulas que irão consolidar esse ramo do Direito do Trabalho e Previdenciário que cuida do obreiro que trabalha nas residências das pessoas. Igual se passará com o Direito Previdenciário e uma ou mais escolas exegéticas se formarão esperando-se que saibam distinguir esses trabalhadores dos celetistas. Caso contrário, se destruirá uma bela relação histórica, que é a do trabalho doméstico.

Datada de 1º.6.2015, publicada no DOU de 2.6.2015, a LDD adquire eficácia plena em 2 de outubro de 2015.

Tomo II — Direitos Previdenciários

Em 1972 a legislação que cuidava dos domésticos iniciou-se praticamente centrada nos direitos previdenciários, tornando-os segurados obrigatórios do RGPS. Até então, a filiação era facultativa e poucos obreiros se inscreveram e contribuíram.

De modo geral, considerados como civilmente agregados esperavam que no futuro, por doença ou idade avançada, quando não mais pudessem trabalhar, seriam ajudados pelas famílias.

Até hoje, nessas mesmas circunstâncias muitos empregadores foram forçados a se compor amigavelmente com eles; oportunamente, embora filiados, não os inscreveram na Previdência Social. Onerando-se com indenizações vultosas e grandes remorsos no coração.

Aos poucos eles foram assumindo direitos trabalhistas, processo que culminou com a atual LDD. E deve evoluir ainda mais na medida em que o legislador ordinário se der conta da importância pessoal e social desse trabalho familiar.

Wladimir Novaes Martinez

Capítulo 1 — Evolução Histórica

Uma lei de 13.9.1830 cuidava da locação de serviços, a disposição legal mais próxima de uma norma dos domésticos. A Lei n. 108, de 11.10.1837, cuidou do assunto, ainda que de forma embrionária.

O Código de Posturas do Município de São Paulo, de 1886, apresentava a seguinte definição: "toda pessoa de condição livre que, mediante salário convencionado, tiver ou quiser ocupação de moço de hotel, hospedaria em casa de pasto, cozinheira, copeiro, cocheiro, hortelão, de ama de leite, ama-seca, engomadeira ou costureira e, em geral, a de qualquer serviço doméstico (*sic*)."

Portanto, antes da Lei Áurea, o escravo não passava de um empregado ou doméstico não remunerado.

Em seu art. 1.216 o Código Civil de 1916 também tratou da locação de serviços.

O Decreto n. 16.107/23 e o Decreto-lei n. 3.078/41 praticaram algumas experiências legislativas. O Decreto-lei n. 7.036/44 (acidente do trabalho) o referiu no seu art. 9º, § 1º. Um FGTS facultativo foi criado pelo Decreto n. 3.361, de 10.2.2000.

Até 1923 o trabalho doméstico brasileiro não conhecia qualquer regulamentação específica. A previdência básica não possuía uma lei básica, que viria em 24.1.23 com o Decreto Legislativo n. 4.682/23. Aparentemente esse cenário resultava de um subproduto do fim da escravidão.

Muitas famílias remuneravam os trabalhadores apenas oferecendo-lhes moradia e alimentação. E alguma proteção pessoal.

O Decreto n. 16.107/23 regulou os serviços domésticos, definindo precariamente esses obreiros no âmbito da família. Eventuais conflitos eram solucionados à luz do Código Civil de 1916, invocando-se o instituto da locação de serviços.

Com o Decreto-Lei n. 3.078/41 emitiu-se uma definição nebulosa de doméstico: quem prestasse serviços em residências mediante remuneração. Esquecendo-se da continuidade e provocando dúvidas sobre os prestadores de serviços. Essa lei criou o direito a um aviso-prévio de 8 dias e a pretensão de rescisão em casos de: atentado à honra ou integridade física; mora salarial; falta de cumprimento das obrigações do empregado em proporcionar ambiente higiênico de alimentação e habitação.

Uma espécie de Lei do Ventre Livre...

Dois anos depois, no art. 7º, *a*, da CLT, ficou claro que ela não se aplicaria aos domésticos (nem aos trabalhadores rurais), só aos empregados. Que pena.

Somente em 1972 emerge uma disciplina considerável, tardia, anacrônica e superada, mas um avanço significativo.

Nos anos 87/88 a preocupação da ANC foi tão evidente que restou necessário que a Constituição Federal de 1988 dedicasse um parágrafo único aclarando nos seus 34 incisos que eles poderiam ser aplicados aos domésticos (art. 7º).

Desconhecendo a realidade o legislador ordinário, reformador ou constituinte não queria onerar as famílias com deveres trabalhistas e previdenciários.

Como dito, antes de 1972 os domésticos, melhor dizendo, as domésticas, estavam ao largo da proteção previdenciária. Umas poucas famílias preocuparam-se em protegê-los e, às vezes, quando do término da relação jurídica familiar se viam obrigadas a repará-los, se enfermos ou envelhecidos. Nesse então, na prática, eram um pouco considerados membros da família.

Não foram poucas as ações civis, trabalhistas e previdenciárias que foram intentadas visando a percepção de indenizações.

Ignorando a real natureza da relação entre os domésticos e o seu patrão, que era pessoal e familiar, os legisladores se convenceram que deveriam judicializar essa relação, criando novos direitos laborais e securitários.

Iniciou-se um processo de proletarização do doméstico, tentando equipará-lo ao patamar do trabalhador protegido pela CLT, adaptando o conceito de empregador do Direito do Trabalho para o patrão doméstico. Igual se passou com as Normas de Proteção ao Trabalho Rural (NPTR) previsto na Lei n. 5.889/73.

As duas reformas legislativas vieram tardiamente e foram reclamadas, sem êxito, sucessivamente em nossos Comentários ao PCSS e PBPS. O que poderia ser feito, e em parte se logrou com a LC n. 150/15, era importar direitos da CLT para o ambiente familiar sem ignorar a essência íntima dessas relações especiais e sua natureza distinta.

Capítulo 2 — Fontes Formais Constitucionais

A Emenda Constitucional n. 72/abr/2013 diz:

"Artigo único. O parágrafo único do art. 7º da Constituição Federal passa a vigorar com a seguinte redação:

São assegurados à categoria dos trabalhadores domésticos os direitos previstos nos incisos IV, VI, VII, VIII, X, XIII, XV, XVI, XVII, XVIII, XIX, XXI, XXII, XXIV, XXVI, XXX, XXXI e XXXIII e, atendidas as condições estabelecidas em lei e observada a simplificação do cumprimento das obrigações tributárias, principais e acessórias, decorrentes da relação de trabalho e suas peculiaridades, os previstos nos incisos I, II, III, IX, XII, XXV e XXVIII, bem como a sua integração à previdência social." (NR)

Esses direitos são:

"Art. 7º. São direitos dos trabalhadores urbanos e rurais, além de outros que visem à melhoria de sua condição social:

I – *omissos* (despedida arbitrária);

II – *omissis* (seguro-desemprego);

III – *omissis* (FGTS);

IV – salário mínimo, fixado em lei, nacionalmente unificado, capaz de atender às suas necessidades vitais básicas e às de sua família com moradia, alimentação, educação, saúde, lazer, vestuário, higiene, transporte e previdência social, com reajustes periódicos que lhe preservem o poder aquisitivo, sendo vedada sua vinculação para qualquer fim;

V – *omissis* (piso salarial);

VI – irredutibilidade do salário, salvo o disposto em convenção ou acordo coletivo;

VII – garantia de salário, nunca inferior ao mínimo, para os que percebem remuneração variável;

VIII – décimo terceiro salário com base na remuneração integral ou no valor da aposentadoria;

IX – *omissis* (trabalho noturno);

X – proteção do salário na forma da lei, constituindo crime sua retenção dolosa;

XI – *omissis* (participação nos lucros);

XII – *omissis* (salário-família);

XIII – duração do trabalho normal não superior a oito horas diárias e quarenta e quatro semanais, facultada a compensação de horários e a redução da jornada, mediante acordo ou convenção coletiva de trabalho;

XIV – *omissis* (jornada de trabalho);

XV – repouso semanal remunerado, preferencialmente aos domingos;

XVI – remuneração do serviço extraordinário superior, no mínimo, em cinquenta por cento à do normal;

XVII – gozo de férias anuais remuneradas mais do que o salário normal;

XVIII – licença à gestante, sem prejuízo do emprego e do salário, com a duração de cento e vinte dias;

XIX – licença-paternidade, nos termos fixados em lei;

XX – *omissis* (trabalho da mulher):

XXI – aviso-prévio proporcional ao tempo de serviço, sendo no mínimo de trinta dias, nos termos da lei;

XXII – redução dos riscos inerente saúde, higiene e segurança;

XXIII – *omissis* (adicional de remuneração);

XXIV – *omissis* (aposentadoria);

XXV – *omissis* (assistência gratuita aos filhos)

XXVI – reconhecimento das convenções e acordos coletivos de trabalho;

XXVII – *omissis* (automação);

XXVIII – seguro contra acidentes de trabalho, a cargo do empregador, sem excluir a indenização a que este está obrigado, quando incorrer em dolo ou culpa;

XXIX – *omissis* (decadência dos créditos trabalhistas);

XXX – proibição de diferença de salários, de exercício de funções e de critério de admissão por motivo de sexo, idade, cor ou estado civil;

XXXI – proibição de qualquer discriminação no tocante a salário e critérios de admissão do trabalhador portador de deficiência;

XXXII – *omissis* (distinção entre trabalho manual, técnico e intelectual);

XXXIII – proibição de trabalho noturno, perigoso ou insalubre a menores de dezoito e de qualquer trabalho a menores de dezesseis anos, salvo na condição de aprendiz, a partir de quatorze anos; e

XXXIV – igualdade de direitos entre o trabalhador com vínculo empregatício permanente e o trabalhador avulso."

No *in fine* destacou aspectos com tratamento diferenciado:

"I – relação de emprego protegida contra despedida arbitrária ou sem justa causa, nos termos de lei complementar, que preverá indenização compensatória, dentre outros direitos;

II – seguro-desemprego, em caso de desemprego involuntário;

III – fundo de garantia do tempo de serviço;

LX – remuneração do trabalho noturno superior à do diurno;

XII – salário-família pago em razão do dependente do trabalhador de baixa renda nos termos da lei;

XXV – assistência gratuita aos filhos e dependentes desde o nascimento até 5 (cinco) anos de idade em creches e pré-escolas;

XXVIII – seguro contra acidentes de trabalho, a cargo do empregador, sem excluir a indenização a que este está obrigado, quando incorrer em dolo ou culpa."

Tomo II
Direitos Previdenciários

Capítulo 3 — Relação Jurídica

Uma pessoa física prestando serviços domésticos para outra pessoa física produzirá várias relações jurídicas, a cada uma delas correspondendo diferentes efeitos civis, trabalhistas e previdenciários.

De regra essa relação é personalíssima, de mútua confiança, sem obstar que em algum momento um doméstico seja momentaneamente substituído por um parente ou amigo.

Uma convivência bastante pessoal, ocorrida dentro ou fora do ambiente residencial, produz cenários em que sobrevêm obrigações de natureza civil (como indenizações, dano moral, união estável etc.).

A relação empregatícia doméstica prevê duas pessoas físicas: a) o doméstico e b) o empregador doméstico.

Cada um deles tem ônus e bônus, ou seja, obrigações e direitos definidos tradicionalmente. O doméstico observa a jornada de trabalho e presta os serviços convencionados no contrato de trabalho. O empregador remunera mensalmente esses serviços.

Um dos deveres formais do empregador é preencher a CTPS com dados do doméstico e do contrato. O doméstico assinará diariamente sua presença na residência nos horários convencionados.

Formalmente, além de trabalhar terá de apresentar os documentos referidos na lei, em particular atestados médicos, cédula de identidade, prova de endereço, crachá e CTPS.

A relação previdenciária é complexa; o empregador doméstico descontará a contribuição previdenciária e a recolherá à Receita Federal do Brasil. Nos casos de pedido de benefícios previdenciários fornecerá os documentos necessários, inclusive os referentes ao seguro-desemprego. Portanto, são quatro pessoas envolvidas: duas físicas e duas jurídicas (Receita Federal do Brasil e INSS). Sem falar na Caixa Econômica Federal (CEF).

A característica básica do contrato de trabalho doméstico é a pessoalidade do trabalhador; ele não pode ser substituído por temporário, autônomo nem por pessoa jurídica. Somente a pessoa humana será um doméstico.

Subsiste uma mútua onerosidade, por parte do doméstico a disposição de trabalhar subordinadamente e do empregador de remunerá-lo. Não existe doméstico sem remuneração. Se alguém ou o enviado de uma entidade benemerente mandar alguém ajudar graciosamente uma pessoa ou família, esta não será doméstica.

Os serviços têm de ser contínuos, com a constância exigida pela manutenção de uma residência (abarcando o conceito amplo do local em que vive a pessoa: chácara de lazer, casa praiana, veículo de transporte etc.).

Os serviços são destinados à pessoa ou à família e a ninguém mais. Se o obreiro acumular duas funções, uma familiar e outra mercantil, gerará duas relações jurídicas.

Os serviços têm de ser os tidos como domésticos (cozinhar, limpar, passar roupa, arrumar, vigiar, transportar etc.).

Uma hipótese que foge a noção de pessoa ou família é a da república de estudantes, em que um grupo de jovens vivem numa casa cuidada por uma pessoa. Ela será doméstica desse condomínio de estudantes.

A questão do vínculo entre parentes foi superada ao longo do tempo e hoje admite-se que possa subsistir essa relação desde que presentes os elementos definidores.

Consoante o art. 20 do LDD, reafirmando normas anteriores desde 1972, essa relação jurídica resulta que "o doméstico é segurado obrigatório da Previdência Social, sendo-lhe devidas, na forma da Lei n. 8.213, de 14 de julho de 1991, a prestações nela arroladas, atendido o disposto nesta Lei e observadas as características especiais do trabalho doméstico."

Capítulo 4 — Conceito de Família

Não pairando dúvidas quanto a determinar quem é a pessoa física que pode contratar o doméstico, convém deslindar o que pode significar a palavra "família" utilizada na LDD.

Roberto Arriada Lorea diz que: "Agora, esta noção local de família — juridicamente atualizada — se projeta para todo o território nacional. Pela Lei n. 11.340/06, tem-se uma nova regulamentação legislativa da família, juridicamente compreendida como a "comunidade formada por indivíduos que são ou se consideram aparentados, unidos por laços naturais, por afinidade ou por vontade expressa: independentemente de orientação sexual." ("A nova definição legal de família brasileira", colhido na internet)

Pode ser marido e mulher e filhos, grupo designado como núcleo familiar básico, até mesmo incorporando irmão, avós, tios, sobrinhos e primos.

Dois homens ou duas mulheres vivendo juntos, héteros ou homossexuais, não importa.

Em alguns casos um tutor e os seus tutelados.

Um grupo de estudantes vivendo juntos na chamada República de Estudantes, espécie de condomínio, é uma família e quem trabalha na residência para eles é doméstico.

Rigorosamente, singelamente, empregador doméstico é a pessoa física que contrata o doméstico (art. 3º do Decreto n. 71.885/73).

Para a Lei n. 8.213/91 é "a pessoa ou família que admite a seu serviço, sem finalidade lucrativa, empregado doméstico" (PBPS, art. 14, II).

Capítulo 5 — Definição de Doméstico

Ab initio convém convencionar que o vocábulo que descreve este trabalhador e beneficiário da previdência social deve ser doméstico e não empregado doméstico. Subsistem essas duas categorias de obreiros segurados e a lei ora comentada trata apenas do primeiro.

O art. 1º da LDD diz ser:

> "Aquele que presta serviços de forma contínua, subordinada, onerosa, pessoal e de finalidade não lucrativa a pessoa ou a família, no âmbito residencial destas, por mais de 2 (dois) dias por semana, ...".

Esse conceito legal não parece difícil de ser compreendido, ainda que apresente fissuras institucionais.

Trata-se de pessoa física, excluída a pessoa jurídica que trabalhe para uma pessoa física ou família. A idade mínima terá de ser de 18 anos de idade, do sexo masculino ou feminino, nacional ou estrangeiro, ativo ou inativo.

Ele terá de prestar serviços, ou seja, trabalhar subordinadamente para outro polo da relação jurídica doméstica (pessoa ou família), nada impedindo que mantenha algum vínculo sanguíneo com o empregador ou exerça outra atividade.

Serviços remunerados e, por conta disso, os agregados adotados que ajudem na casa não são domésticos. Retribuições possivelmente monetárias, ainda que possam compreender bens *in natura*. Importância devida ou devida e paga. No comum dos casos e tradicionalmente será mensal, nada vedando que seja semanal ou admita adiantamentos.

Tal trabalho não é mercantil, ou seja, nesse momento a pessoa obreira ou a família não busca atividade empresarial. O legislador não deveria usar a palavra "lucrativa" podendo referir-se a atividade econômica ou profissional.

Quando o empregador doméstico, ao mesmo tempo exercer tal esforço econômico em casa, o empenho da pessoa ora considerada terá de ser eminentemente doméstico. Caso divida esse trabalho nas duas atividades, será empregado (ou autônomo) e doméstico ao mesmo tempo, vale dizer, com dois vínculos empregatícios.

O âmbito residencial da lei é mais complexo, abarca o lugar em que a família vive, incluindo a residência, um hotel, avião, iate ou barco. Nessas condições o motorista sem veículo próprio que serve à família é doméstico. No que diz respeito ao motorista particular é importante consultar a Lei n. 13.103/15 que disciplinou amplamente o exercício desse profissional.

Assim, um guarda-costas ou segurança faz parte do conceito de doméstico; ele fisicamente protege a pessoa ou a família.

Quem opera numa chácara de lazer, ocupado em mantê-la com essa finalidade (numa extensão da residência) é doméstico; caso sobrevenha atividade mercantil poderá ser classificado como trabalhador rural.

A duração dos dias de trabalho semanais entrou no texto legal apenas para distinguir juridicamente o doméstico do diarista, nada obstante que o primeiro exerça atividades semelhantes, mas distintas do segundo.

Não é o serviço que distingue o doméstico, mas sua destinação. Destarte, quem faz serviços domésticos para a pessoa jurídica é empregado regido pela CLT.

Não se deve confundir trabalho doméstico da LDD com o trabalho de empregado ou autônomo realizado em residência, muito menos com o realizado pelo Economista Doméstico da Lei n. 7.387/85.

Pessoa é o ser humano; família, a reunião constante de marido e mulher, companheiros e companheiras, filhos, pais, netos e demais parentes que convivam no lar. Momentaneamente pessoas hospedadas.

De regra, a família não é empresa. Ela admite alguém para trabalhar no lar (art. 15, II, do PCSS).

Existe distinção entre pessoa e autônomo, sendo que o último é aquele que exerce atividade profissional. Um doméstico pode trabalhar para um autônomo se realizar serviços familiares e, será empregado celetista, se trabalhar na realização dos ditos serviços profissionais.

As principais categorias são as de acompanhante, aia, ama-seca, arrumadeira, babá, *baby-sitter*, caseiro, cocheiro, copeira, cozinheira, cuidadora, dama de companhia, enfermeira, governante, guarda costas, médico particular, mordomo, motorista particular, pajem, preceptor, piloto de aeronave ou helicóptero, secretário particular, segurança, valete e vigilante.

Como visto, em suma, os elementos da figura do doméstico são a pessoalidade do prestador de serviços, local dos serviços, relação familiar, sob a subordinação ao patrão, onerosidade e ausência de economicidade.

Estranha-se a presença dessa "forma contínua" que é intrinsecamente própria do labor no lar e, com isso, mesmo operando sem continuidade será doméstico. O que o legislador pretendeu foi excluir outros prestadores de serviços não domésticos. Para tanto ele impôs a distinção do diarista (fundamentalmente um doméstico excluído pela lei).

Nos exatos termos do parágrafo único do art. 1º da LDD e consoante as recomendações da OIT, a idade mínima para o exercício da atividade doméstica é de 18 anos e não tem idade máxima.

A LDD inovou criando a figura de um doméstico temporário. Diz o art. 4º, II:

> "Para atender necessidades familiares de natureza transitória e para substituição temporária de empregado doméstico com contrato de trabalho interrompido ou suspenso."

Quer dizer, por qualquer motivo quando o doméstico não puder trabalhar, especialmente em gozo de benefício por incapacidade, a pessoa ou a família poderá contratar outro doméstico, com todas as obrigações e os direitos do substituído, e substituí-lo, inclusive, ter a sua CTPS registrada.

O parágrafo único do mesmo artigo reza:

> "No caso do inciso II deste artigo, a duração do contrato de trabalho é limitada ao tempo do evento que motivou a contratação, obedecido o limite máximo de 2 (dois) anos."

Nada impede que sobrevenha definitividade nessa contratação se o primeiro doméstico for aposentado ou se afastar definitivamente do seu emprego.

Capítulo 6 — Não Doméstico

Uma multiplicidade de trabalhadores pode operar num domicílio ou no âmbito residencial de uma família e não serem domésticos. Empregados de pessoas jurídicas, autônomos, eventuais e até servidores públicos, muitas vezes chamados de prestadores de serviços.

Obviamente, os primeiros a serem mencionados são os próprios patrões componentes do grupo familiar (designados na lei como pessoa ou família).

Depois, os parentes, próximos ou remotos, compreendidos num sentido amplo do grupo familiar. Existem ainda os agregados não parentes. E também os acolhidos ou hospedados.

Fora do âmbito familiar vêm os referidos prestadores de serviços, cuja principal característica é a ausência de habitualidade e não realizarem os típicos serviços domésticos, de regra, na linha da construção civil e da manutenção de equipamentos.

São inúmeros e podem ser exemplificados como os pedreiros, carpinteiros, encanadores, eletricistas, pintores, consertadores de fogões ou geladeiras, jardineiros, piscineiros, hortelãos e muitos outros mais.

Sem falar nos diaristas, excluídos implicitamente por determinação legal.

Todas essas pessoas antes mencionadas, operando dentro da residência podem sofrer acidentes do trabalho e os questionamentos se situarão no âmbito do Direito Civil. O correto é o proprietário de imóvel fazer um seguro de vida quando manda alguém subir no telhado de sua residência, caso contrário, na hipótese de infortúnio corre o risco de ser processado com vistas a uma indenização civil. A relação dos procuradores, geralmente advogados, que prestam serviços para as pessoas ou as famílias, é de ordem civil.

Rodolfo Pamplona Filho e Marco Antonio Cesar Villatore suscitam o cenário do empregado celetista cujos diretores da empresa o manda trabalhar na residência do empresário. Ainda que faça serviços eminentemente domésticos, continuará disposição da empresas e regido pela CLT. (*Direito do Trabalho Doméstico*. 2. ed. São Paulo: LTr, 2001. p. 36)

Capítulo 7 — Tempo de Serviço

O tempo de serviço constante da CTPS do doméstico ou do CNIS do INSS é computado para todos os fins da previdência social em relação a quaisquer dos benefícios compatíveis pretendidos por ele. E outros aspectos da relação jurídica com a autarquia federal.

Se esse período de trabalho não fizer parte dessas fontes usuais (CTPS ou CNIS), mediante realização e aprovação de justificação administrativa prevista no PBPS, também será considerado.

Do mesmo modo, após a expedição por parte do INSS da Certidão de Tempo de Contribuição (CTC), o tempo de serviço do doméstico pode ser portado para um regime próprio de servidor público (até para completar a carência dos falecidos).

Esse conceito de tempo de serviço provém da lei previdenciária que, a esse respeito, não faz distinção entre doméstico e não doméstico.

Evidentemente (tanto quanto sucede com os eclesiásticos) esse tempo de serviço será considerado urbano e a aposentadoria por idade da doméstica se dará aos 60 anos e dos homens aos 65 anos, ainda que a residência da família se situe na zona rural.

Vale dizer, não existe doméstico rural sem embargo de empregados realizarem serviços domésticos para empresas rurais, o que é outra coisa.

Uma forma usual de provar o tempo de serviço é mediante reclamação trabalhista com sentença favorável transitada em julgado e que tem aceitação no RGPS quando acompanhada de início razoável de prova material. Geralmente, apenas fotos tiradas no âmbito da família.

Ausente a aludida prova material somente restará ao interessado recorrer ao Poder Judiciário federal na esperança de que o magistrado acolha os depoimentos testemunhais como única persuasão da pretensão.

Capítulo 8 — Período de Contribuição

Faz-se uma pequena distinção entre tempo de filiação, tempo de serviço e tempo de contribuição. Histórica e atualmente.

Sem estar contribuindo ou trabalhando nos períodos elencados no art. 15 do PBPS, o segurado se diz filiado e esse lapso de tempo define a manutenção da qualidade de segurado (garantindo direitos compatíveis) sem se prestar como tempo de serviço nem de contribuição.

Existem segurados, como os facultativos, que não estão trabalhando ou nunca trabalharam, mas contribuem (PBPS, art. 13). Logo, destes últimos só se pode falar em tempo de contribuição.

Tempo de serviço é de atividade laboral na condição de segurado obrigatório e, por exceção, o de duração de certos benefícios. O tempo de fruição do auxílio-doença é computado como se fosse tempo de contribuição, mas não é de serviço.

Nem sempre será de trabalho diuturno porque nas férias (e outros momentos previstos na lei) o segurado não presta serviços.

Esse tempo de serviço pode ser comum e especial, este último quando convertido acresce o tempo de contribuição, o que é uma ficção legal.

A legislação enumera uma série de situações em que considera o tempo de serviço como tempo de contribuição, convindo examinar cada uma delas, em particular a do serviço militar obrigatório.

Um conceito típico do Direito Previdenciário é o tempo de serviço. Tem semelhança, sem se equiparar, ao instituto laboral correspondente. Releva por determinar o fundamento de alguns benefícios ou quantificar o nível de outros. Realça na definição de prestações definidas exatamente por ele, estipulando coeficientes.

Não ocupando muito espaço na disciplina legal, é sede de preocupação dos interessados, principalmente com vistas à aposentadoria por tempo de contribuição.

Despertou o procedimento da justificação administrativa e obrigou a estudar figuras complexas de segurados obrigatórios e facultativos.

Tempo de contribuição é o período de filiação ao RGPS, ou a outros regimes, de exercício de atividade ou manifestação de vontade e recolhimento de contribuição ou não, contemplado na lei ou no regulamento e até por equiparação válida, real ou virtual, não presumido, suficiente para caracterizar o benefício ou configurar sua expressão pecuniária.

Em seu estudo, além da descrição, e na numeração das várias hipóteses, é importante saber quais deles são reconhecidos pela lei, em muitos casos reduzida a questão à possibilidade de prova material plena, indiciária ou meramente testemunhal.

Além das contribuições, sempre as devidas, em alguns casos, as recolhidas, implica o decurso do tempo. Por isso, inexiste tempo de contribuição futuro, vedada a antecipação de mensalidades. Excedente tem serventia condicionada ou é inútil.

Exaurido parcial ou totalmente, não pode ser recuperado. Raramente, a legislação facultou sua utilização simultânea para dois benefícios (*v. g.*, dupla aposentadoria do ferroviário, tempo de guerra, contagem em dobro etc.).

Pode ser contínuo (numa mesma empresa ou atividade), entremeado, interrompido ou partilhado. Até mesmo renunciado, quando conveniente ao interessado (Lei n. 9.032/95).

Único, não superposto, equivale à pessoa, submetendo-se à noção de ser *intuitu personae*. Presta-se para vários fins e já serviu para definir a classe da escala de salários-base (Lei n. 5.890/73), entre outros aspectos, para apurar o salário de benefício, período de carência e a base de cálculo de contribuições.

Imprescritível, pode ser demonstrado mediante os diferentes meios admitidos em Direito.

Tempo de serviço é locução largamente adotada na legislação previdenciária, algumas vezes, confundido com tempo de contribuição ou de filiação. A EC n. 20/98 substituiu-o por tempo de contribuição, mas, com tantas exceções, ainda é praticamente igual ao anterior.

As três expressões indicadas têm significados diferentes e talvez fosse possível considerar tempo de filiação como gênero e espécies as demais (*v. g.*, tempo de contribuição, de benefício, de serviço etc.).

Destarte, tempo de contribuição corresponde às mensalidades recolhidas ou devidas, efetiva ou presumidamente aportadas. Valendo pagamento mensal em dia, em mora (quando não excepcionada), sob um parcelamento ou mediante a "indenização" da Lei n. 9.032/95, e até mesmo a deduzida no benefício concedido (PBPS, art. 115).

Tempo de serviço é dimensão temporal da base material deflagradora da filiação, sem conversão ou outros eventuais aduzimentos, persistindo enquanto presente o suporte físico (atividade ou vontade), incluído o período de férias anuais ou licenças remuneradas.

Por seu turno, tempo de filiação é ideia maior, abrangendo as duas concepções anteriores e, também, exemplificativamente, de contribuição do facultativo, de fruição de benefícios por incapacidade, de serviço militar e até o de conversão, bem como o decorrente da contagem recíproca.

Resultante de conversão é ficção criada pelo legislador, ampliação do período normal de trabalho em condições especiais (Lei n. 6.887/80).

Claro, nenhuma dessas situações confundidas com o tempo de inscrição.

Uma característica notável do instituto é ser determinante da concessão de benefícios comuns (*v. g.*, aposentadoria especial, por tempo de contribuição e do antigo abono de permanência em serviço etc.), específicos (*v. g.*, aeronauta, jornalista, juiz temporário, jogador de futebol etc.) e excepcionais (*v. g.*, exilados, ex-combatentes etc.).

Até 31.12.95, um dos requisitos da renda mensal vitalícia.

Com efeito, nesses casos o segurado carece provar a filiação suporte (exercício de atividade ou outra situação) e, em algumas delas, ter havido o recolhimento das contribuições.

Quando evento determinante propriamente dito, caracteriza circunstância básica. Na aposentadoria por tempo de contribuição, condição bastante comum, não se reveste de muitas particularidades, salvo o cômputo do tempo de benefício usufruído e de serviço militar. Na aposentadoria especial, desenvolve nuança singular: serviços insalubres, exigindo demonstração fática da exposição aos agentes nocivos.

Convertido, opera acréscimo derivado de ficção normativa, provindo de outros regimes na contagem recíproca.

Relativamente ao período de carência, impregna-se da ideia de aportes realmente efetivados, e assume caráter drástico, considerado mês a mês, podendo não refletir o tempo de labor, mas apenas o de contribuição.

Caindo o afastamento do trabalho em meados do mês, presta-se para a carência, mas não para definição do período básico de cálculo.

Outra função importante do tempo de contribuição, um tanto esmaecida a partir de 29.4.95 (uniformizado o coeficiente do auxílio-doença em 91% e o da aposentadoria por invalidez em 100%), é ser definidor do percentual aplicável ao salário de benefício (Lei n. 9.032/95).

Dessa forma, na aposentadoria por idade, ela corresponde a 70% do salário de benefício mais 1% ao ano por grupo de 12 contribuições, até o máximo de 100%.

Na aposentadoria por tempo de contribuição proporcional, além de 70%, cada grupo de 12 mensalidades, além dos 25 anos, para as mulheres, e além dos 30 anos, para os homens, acresce 5% até o máximo de 100%.

Claramente determinado para os trabalhadores subordinados, comparecendo na CTPS ou LRE, não tem consenso para o empresário e o autônomo, se a escrituração ou a contabilidade não registrarem a data. Para contribuintes individuais começa (quase) sempre no início do mês da primeira contribuição.

Decisivo para a substanciação do requisito, o tempo de serviço é computado dia a dia, incluindo o primeiro e o último deles, tratando-se de facultativo, nas hipóteses mais comuns, de meses inteiros.

Para efeito da contagem, equivale ao ano civil, 365 dias, desprezando o 366º dia dos anos bissextos.

Genericamente, no dizer do *caput* do art. 55 do PBPS, são válidos os períodos de filiação dos segurados obrigatórios, transferindo-se a incumbência da definição das possibilidades de cômputo ao decreto regulamentador. De imediato, a lei fornece notável esclarecimento: valem os anteriores à perda da qualidade de segurado.

O tempo de contribuição é imprescritível e, no prazo decadencial, pode ser invocado a qualquer tempo, para fins de revisão do valor do benefício (Lei n. 9.528/97).

A lei exemplifica interregnos típicos.

a) Serviço militar: Tempo militar, inclusive o voluntário e o previsto no § 1º do art. 143 da CF, "desde que não tenha sido contado para a inatividade remunerada nas Forças Armadas ou aposentadoria no serviço público" (PBPS, art. 55, I).

O dispositivo mencionado diz:

"Às Forças Armadas compete, na forma da lei, atribuir serviço alternativo aos que, em tempo de paz, após alistados, alegarem imperativo de consciência, entendendo-se como tal o decorrente de crença religiosa e de convicção filosófica ou política, para se eximirem de atividades de caráter essencialmente militar."

Em suma, tidos como tempo de serviço: a) serviço militar obrigatório ou alternativo; b) tiro de guerra (quando presente atividade paralela); e c) carreira militar (via contagem recíproca).

Para a CANSB, em se tratando de reservista de segunda categoria, o prazo máximo é de nove meses. Embora o convocado possa realmente ter ficado à disposição das Forças Armadas por mais tempo (tempo bruto) e contar com tempo líquido menor, o INSS considera o primeiro deles.

b) Cotização de facultativo: O período do contribuinte em dobro (*ex vi* da Lei n. 5.610/70) e do segurado facultativo a partir de 1º.11.91, antes disso, segurado obrigatório ou não, é aceito se efetuadas as cotizações nas épocas próprias no mês de competência ou mediante "indenização" *a posteriori* (Lei n. 9.032/95).

Débitos atrasados, com os acréscimos, relativos a períodos normais inferiores ao da perda da qualidade de segurado, são convalidados.

c) Mandato eletivo: O mandato eletivo federal, estadual ou municipal, se não aproveitado no serviço público civil ou militar, e mesmo sem contribuição (aliás, consubstanciando distorção do sistema).

d) Trabalho rural: O trabalho rural, de difícil comprovação fática, deve ser avaliado antes e após a criação do FUNRURAL, com limitações nos benefícios, porém, garantido presentes contribuições ou terem sido devidas à época.

Até 31.10.91, o tempo prestava-se exclusivamente para efeito de benefícios cifrados pelo salário mínimo, em norma de discutível liceidade. Em 13.11.97, o STF emitiu liminar nesse sentido contra a Medida Provisória n. 1.523-11/97 (ADI-MC n. 21.664/UF, rel. Min. Octavio Gallotti).

e) Justificação administrativa ou judicial: Quaisquer lapsos de filiação demonstrados mediante justificação administrativa ou judicial, reconhecidos pelo INSS ou sentenciados pela Justiça Federal.

Embora a Justiça do Trabalho seja constitucionalmente competente para dirimir conflitos entre empregado e empregador e, *in casu*, não ser a questão propriamente dissídio entre ambos, o INSS ignora prova feita sem início razoável de prova material.

f) Período indenizado: O segurado, após comprovar a filiação, pode recolher contribuições relativas ao passado pertinentes a débitos e também relativas à filiação facultativa (Lei n. 9.032/95).

g) Trabalho no exterior: Nos acordos internacionais, caso da Argentina, o tempo de serviço prestado em território estrangeiro vale para efeito de benefício. Os diferentes tratados, cada um deles, dispõem sobre a validade do labor oferecido nos países contratantes.

Trabalho no exterior não se confunde com o decorrente do acordo internacional. Vários prestadores de serviços em outros países são segurados obrigatórios (PCSS, art. 12, *c* a *f* e V, *d* a *e*).

O Decreto n. 2.172/1997 arrolou outros períodos abaixo considerados.

a) Tempo de filiação: O principal deles, de vínculo com o RGPS, iniciando-se em 24.1.1923, considerando até períodos anteriores à criação da previdência social. Na prática, possivelmente apenas antes da Lei n. 4.213/63 (ETR).

b) Benefícios por incapacidade: Tempo de manutenção do auxílio-doença ou da aposentadoria por invalidez, entremeado com trabalho ou contribuição. As mensalidades reduzidas *per se* não são acolhidas.

c) Salário-maternidade: Os 84 dias ou 120 dias da licença à maternidade, tidos como de efetivo exercício, recolhida ou não a contribuição devida. Da mesma forma, os 14 dias do aborto não criminoso e as duas semanas antes e após os 120 dias.

d) Anistiado ou exilado: Período durante o qual a pessoa, por motivos políticos, não pode exercer atividade filiável ao RGPS (Decreto Legislativo n. 18/61, Decreto-lei n. 864/69, Lei n. 6.683/79 e EC n. 26/85).

A esse respeito diz o art. 120 do RBPS:

"O tempo de serviço será computado de conformidade com o disposto no art. 58 e, no que se refere ao inciso VIII daquele artigo, considerar-se-á o de afastamento da atividade em decorrência de destituição do emprego por atos de exceção, institucionais ou complementares, ou por outros diplomas legais, até a véspera do início do benefício."

e) Mandato classista: Serviço prestado junto a órgão de deliberação coletiva, presente contribuição.

f) Licença remunerada: Se houve desconto de contribuição, a duração da licença remunerada é tempo de serviço.

g) Disponibilidade remunerada: Igual tratamento é reservado à disponibilidade remunerada.

h) Justiça dos Estados: Quando oferecido às serventias extrajudiciais e às escrivanias judiciais, "desde que não tenha havido remuneração pelos cofres públicos e que a atividade não estivesse à época vinculada a sistema próprio de previdência social."

i) Período de aprendizagem: O Decreto n. 2.172/97 admite o cômputo do tempo de serviço do menor sob aprendizagem, prestado nas escolas técnicas, com base no Decreto-lei n. 4.073/42 e no período de 9.2.42 a 16.2.59.

Também é reconhecido o "período de frequência às aulas dos aprendizes matriculados em escolas profissionais mantidas por empresas ferroviárias".

j) Empregador rural: Os exercícios de contribuições vertidas sob os auspícios da Lei n. 6.260/75.

k) Juiz temporário: Se não aproveitado para outro sistema de previdência, o relativo à colaboração à União por parte dos juízes temporários (Lei n. 6.903/81).

l) Servidor público: O tempo de contribuição efetuada pelo servidor público aludido nas alíneas *i*, *j* e *l* do inciso I do art. 6º, com base nos arts. 8º e 9º da Lei n. 8.162/91 e no art. 2º da Lei n. 8.688/93.

m) Direito do Trabalho: O direito laboral oferece conceito próprio e manda aproveitar o tempo do aviso-prévio (CLT, art. 487).

Tempo de serviço consumido em outro regime de previdência social nunca é sopesado. No bojo do RGPS, utilizado, é desprezado.

Principalmente, não tem validade o de não segurado, caso do estagiário ou de quem não comprove, quando exigida, a base da filiação (Portaria MTPS n. 1.002/67).

É inútil a época de não filiação, caso o segurado, então, não contribuiu como facultativo.

Conversão de tempo de serviço consiste em transformação de período de trabalho perigoso, penoso ou insalubre em comum (Lei n. 9.032/95), necessariamente se estendendo o interregno laboral em número de dias, conforme tabela de equivalência, defluente naturalmente da relação matemática entre os 15, os 20 e os 25 anos.

Sua finalidade específica diz respeito ao requisito do tempo de serviço, seja como elemento básico para o benefício — caso da aposentadoria por tempo de contribuição (NB 42) —, ou para a fixação dos coeficientes aplicados ao salário de benefício (*v. g.* aposentadoria por invalidez ou aposentadoria por idade), não se prestando para outros fins.

Assim, segurado com 65 anos de idade e dez anos especiais e oito anos comuns terá direito a 10 x 1,20 = 12 + 8 = 20 anos, e 20% + 70% = 90% do salário de benefício.

O fato de a tabela abaixo reproduzida indicar mulher (30 anos) e homem (35 anos), lembrando a aposentadoria por tempo de contribuição, não significa impedimento de ser utilizada para os outros benefícios.

Pressuposto lógico da conversão é a existência de dois ou mais tempos de serviço especiais (de 15 ou 20 ou 25 anos) — hipótese menos comum — ou tempos de serviços especiais e comuns. Daí se afirmar ser impossível conversão apenas de tempo especial.

A partir de 29.4.95, a tabela passou a ser a seguinte:

Tempo de atividade a converter	Para 15 anos	Para 20 anos	Para 25 anos	Para 30 anos	Para 35 anos
				Mulher	Homem
De 15 anos	1,00	1,33	1,67	2,00	2,33
De 20 anos	0,75	1,00	1,25	1,50	1,75
De 25 anos	0,60	0,80	1,00	1,20	1,40

Suponha-se segurado com 10 anos, 5 meses e 8 dias de trabalho comum e 10 anos, 11 meses e 22 dias de trabalho especial. Os cálculos serão os seguintes:

Tempo comum		Tempo especial	
10 anos	= 3.650 dias	10 anos	= 3.650 dias
5 meses	= 150 dias	11 meses	= 330 dias
8 dias	= 8 dias	22 dias	= 22 dias
Total	= 3.808 dias	Total	= 4.002 dias

4.002 dias x 1,40 = 5.602 dias + 3.808 dias = 9.410 dias

9.410 dias: são 25 anos, 9 meses e 15 dias.

O tempo de serviço de marítimo embarcado é convertível. Cada 255 dias de embarque em navio nacional, contados da data do embarque à do desembarque, equivalem a um ano de atividade em terra, "obtida essa equivalência pela proporcionalidade de 255 meses de embarque, no mínimo, para 360 meses em terra, no mínimo." (RBPS, art. 57, parágrafo único)

O INSS não fornece certidão de tempo de serviço com conversão nem acolhe tempos de serviço público convertidos, entretanto, a conversão em apreço foi criada pela Lei n. 6.887/80 e a vedação para a utilização de tempos especiais provém da Lei n. 6.226/75, quando nem sequer se cogitava da mencionada conversão.

Capítulo 9 — Provas da Filiação

Para fins de obtenção das prestações previdenciárias, um significativo ônus do beneficiário é convencer o INSS de sua filiação ao RGPS. Isso ocorre com provas internas presentes os arquivos físicos ou virtuais da autarquia federal e externas, propiciadas e oferecidas pelo interessado. Às vezes, emprestadas de processos e origens diversas.

De modo geral, muitas dessas persuasões comparecem amplamente estudadas no "A Prova no Direito Previdenciário", 4. ed. São Paulo: LTr, 2015.

Destarte, além da filiação costuma-se evidenciar também o tempo de contribuição.

O principal meio de prova é o próprio Cadastro Nacional de Informações Sociais (CNIS), da DATAPREV, de variada ordem e enorme relevância, ele reporta-se à inscrição e os salários de contribuição do doméstico. Mais tarde, o e-SOCIAL.

Na falta desse CNIS e principalmente em relação a períodos anteriores a sua implantação em 2001, principalmente se não rasurada, a CTPS é o principal meio de prova. O seu conteúdo convence exaustivamente a existência dos contratos de trabalho, até porque usufrui da presunção relativa de validade.

O FGTS depositado pelo empregador doméstico, cujos dados podem ser obtidos na CEF, são evidências convincentes da filiação. Da mesma forma, ainda que não recolhidas as importâncias eventuais notificações emitidas pela CEF.

Cópia de reclamação trabalhista ou certidão da Justiça do Trabalho acompanhada de início razoável de prova material é bem aceita pelo INSS. Um processo de rescisão com justa causa é muito útil.

A percepção do décimo-terceiro salário significa tempo de trabalho.

O Boleto do Simples Doméstico devidamente quitado é outra manifestação exaustiva do recolhimento das contribuições e da existência da filiação.

Uma Carta de Referência pessoal, emitida por empresa ou empregador doméstico é início razoável de prova material. Costuma mencionar o período de trabalho.

Até mesmo uma cópia da advertência escrita tem relevância quando combinada com outros meios persuasórios.

O aviso-prévio, indenizado ou não, é documento indicativo de relação doméstica e a sua duração reafirma o tempo de trabalho.

Cartas escritas ou recebidas no endereço do empregador doméstico servem como referência da presença na residência do patrão.

A percepção de benefícios previdenciários indica a validade da relação.

O plano de saúde pago pelo empregador é prova convincente de que o beneficiário era doméstico.

Visita fiscal do MTE, da CEF ou da RFB, com autuação ou não, indica a participação do trabalhador na residência.

Cópia da CAT enviada à APS quer dizer que houve um acidente do trabalho. Nesse sentido um BO de acidente *in itinere* tem o mesmo efeito.

Boletim de Ocorrência (BO) em que compareceu como testemunha ou vítima de ameaça ou agressão reafirma o vínculo empregatício.

Contrato de trabalho especial, experiência, de substituição, quando escritos são muito úteis.

Retenção do IR confirmada na Declaração de Rendimento demonstra o trabalho no período anterior.

O livro de ponto confirma a presença do trabalhador durante a jornada de trabalho.

Desconto de pensão alimentícia na remuneração percebida por terceira pessoa suscita a relação jurídica laboral.

Uma CTC é declaração oficial documento e não pode ser recusada pelo INSS.

Crachá de condomínio vertical ou horizontal tem validade.

Exames médicos promovidos pelo empregador.

Fotografias no lar ou fora dele, especialmente quando de viagens no exterior, valendo da mesma forma as gravações ou filmes.

Declarações de vizinhos e outras pessoas na forma de depoimentos testemunhais verbais ou escritas.

A Justificação Administrativa (JA) é um meio magnífico de prova da filiação, previsto na legislação previdenciária e de singela realização.

Capítulo 10 — Acumulação de Benefícios

O art. 124 do PBPS diz:

"Salvo no caso de direito adquirido, não é permitido o recebimento conjunto dos seguintes benefícios da previdência social.

I – aposentadoria e auxílio-doença;

II – mais de uma aposentadoria;

III – aposentadoria e abono de permanência em serviço;

IV – salário-maternidade e auxílio-doença;

V – mais de um auxílio-acidente;

VI – mais de uma pensão deixada por cônjuge ou companheiro, ressalvado o direito de opção pela mais vantajosa.

Parágrafo único. É vedado o recebimento conjunto do seguro-desemprego com qualquer benefício de prestação continuada da Previdência Social, exceto pensão por morte ou auxílio-acidente."

Nessas condições o doméstico não poderá acumular os benefícios referidos, sem se considerar acumulação auferir duas prestações (ou apenas uma, como se preferir), relativas a dois empregos domésticos simultâneos.

Também vale existir um emprego doméstico e um celetista, empresário e até autônomo.

Na condição de segurado e doméstico não poderá inscrever-se e contribuir como facultativo.

Mas, vale registrar, nada impede a acumulação da remuneração doméstica com a aposentadoria por idade ou aposentadoria por tempo de contribuição nem com a percepção mensal de um auxílio-acidente.

Capítulo 11 — Múltipla Atividade

No Direito Previdenciário a expressão "múltipla atividade" refere-se a pessoa que exerce mais de uma atividade pessoal, profissional ou empresarial.

São válidas as considerações quando essa multiplicidade de esforço físico pessoal e jurídico se dá concomitantemente, vale dizer, ao mesmo tempo.

Tanto quanto um diarista, nada impede que alguém possa prestar serviços domésticos para duas pessoas ou duas famílias em horários compatíveis. Por exemplo, trabalhando das 08h00 à 12h00 para uma delas e das 13h00 às 17h00 para a outra. Serão dois registros e duas contribuições ao RGPS.

Nesse caso vale registrar que o percurso do 1º para o 2º emprego será considerado para fins de acidente do trabalho de trajeto, sujeitando os dois empregadores domésticos a emissão da CAT.

Poderá receber meio salário mínimo em cada um deles.

Do mesmo modo, os dois empregadores são obrigados a registrá-los na CTPS. Numa raríssima figura, o doméstico incapacita-se numa residência e não na outra.

Também poderá acumular a condição de doméstico com a de empregado, autônomo ou empresário, embora isso também seja muito raro.

Embora rara a figura, ele também poderia ser servidor público.

O cálculo do benefício do exercente de múltipla atividade será feito com observância do art. 32 do PBPS. Se elas forem exatamente simultâneas, os salários de contribuição serão mensalmente somados. No caso de não haver simultaneidade o INSS fará um cálculo diferenciado proporcionalmente ao tempo de contribuição.

Sem explicitar claramente a Mensagem Presidencial n. 213, de 17.6.15, vetou os incisos I/II, *a/b* e III que acrescentavam ao art. 32 do PBPS e que não constaram da Lei n. 13.135/15.

Capítulo 12 — Doméstico com Deficiência

Seguramente o fato será incomum: uma pessoa com deficiência física ou psicológica trabalhar como doméstica. Ainda que a LDD não tenha mencionado o assunto nem a LC n. 142/13, que disciplina os dois benefícios especiais desse segurado atípico, nada obsta essa filiação, inscrição e contribuições.

Um doméstico deficiente que preencher os requisitos legais da aposentadoria por tempo de contribuição se aposentará com a diminuição do tempo de serviço.

Para as mulheres, será aos 28 anos, 24 anos e 20 anos de contribuição. Para os homens aos 33 anos, 29 e 25 anos de contribuição.

No caso da aposentadoria por idade ela se dará com diminuição de cinco anos. Logo, para as mulheres aos 55 anos e para os homens aos 60 anos.

Em se tratando de trabalhadores rurais com uma redução de 10 anos por comparação com os urbanos.

Tais segurados terão de fazer a prova da limitação leve, média e grave perante a perícia médica do INSS.

A LC n. 142/13 regulamentou os benefícios previdenciários da pessoa com deficiência referida no art. 201, § 1º, da Carta Magna. Foram criadas duas novas prestações no RGPS ou duas variações das prestações tradicionais (aposentadoria por tempo de contribuição e aposentadoria por idade).

Não cuidou da aposentadoria por invalidez nem do auxílio-doença e referiu-se *en passant* à aposentadoria especial

A avaliação das condições determinantes do direito aos benefícios certamente produzirá divergências de pontos de vista, convindo examinar a Lei n. 7.853/89 (*Os Deficientes no Direito Previdenciário*. São Paulo: LTr, 2009), conforme destacado no "Benefícios Previdenciários da Pessoa com Deficiência", 2. ed. São Paulo: LTr, 2015.

A LC n. 142/13 define a pessoa com deficiência "aquela que tem impedimentos de longo prazo de natureza física, mental, intelectual ou sensorial, os quais, em integração com diversas barreiras, podem obstruir sua participação plena e efetiva na sociedade em igualdade de condições com as demais pessoas (art. 2º)."

O texto legal alude a três limitações que conferem o direito a uma das prestações, que são: leve, média e grave.

Suas duas prestações: aposentadoria por tempo de contribuição, deferida ao homem com 33 anos (leve), 29 anos (média) e 25 anos (grave).

Para a mulher, aos 28 anos (leve), 24 anos (média) e 20 anos (grave).

Aposentadoria por idade com diminuição de cinco anos: homens aos 60 anos e mulheres aos 55 anos de idade (art. 3º, I/IV).

Julga-se que para os trabalhadores rurais será de 55 anos para os rurícolas e 50 anos para as rurícolas.

A perícia médica do INSS sopesará tecnicamente a presença contínua de cada uma das três limitações previstas na lei, inspeção que não se confundirá com a avaliação da aposentadoria por invalidez, conforme dispuser o regulamento (arts. 4º/5º).

Durante o exame o interessado poderá portar laudos técnicos particulares e outros documentos, para serem exibidos ou demais meios de prova da deficiência ("A Prova no Direito Previdenciário", 4. ed. São Paulo: LTr, 2015).

A demonstração do tempo de contribuição seguirá as regras gerais do RGPS (Lei n. 8.213/91) e, em particular, as previstas na LC n. 142/13 (não são muitas).

Tratam do tempo anterior a LC n. 142/13 e da prova exclusivamente testemunhal, que não será acolhida (art. 6º, §§ 1º/2º).

A renda mensal inicial observará o período básico de cálculo usual, os salários de contribuição, o salário de benefício correspondente e seu limite mínimo e máximo (PBPS, art. 29).

A esse valor serão aplicados os seguintes coeficientes:

Aposentadoria por tempo de contribuição — 100%.

Aposentadoria por idade — 70% mais 1% por ano de contribuição.

O salário de beneficio se submeterá ao fator previdenciário da Lei n. 9.876/99 (art. 9º, I). O Congresso Nacional, acrescendo um § 11 ao art. 29 do PBPS, pretendeu dispensar o fator previdenciário para esses segurados, mas esse preceito foi vetado pela Presidência da República na Mensagem n. 213, de 17.6.15.

Os períodos de filiação na condição de servidor com deficiência serão considerados pelo RGPS consoante as disposições da contagem recíproca do tempo de serviço (PBPS, art. 94/99).

Nos casos de dúvida valerá remissão aos preceitos do RGPS (art. 9º, IV).

Não é possível acumular dos dois benefícios com quaisquer outros do RGPS (art. 9º, V) nem com a aposentadoria especial (art. 10).

Capítulo 13 — Salário de Contribuição

A LC n. 150/15 pouco tratou da base de cálculo da contribuição previdenciária e dos depósitos do FGTS do doméstico, possivelmente julgando que, no que coubesse, deveria ser observado o PCSS.

Diz o art. 28 da Lei n. 8.212/91 ser o salário de contribuição:

"I – para o empregado e trabalhador avulso: a remuneração auferida em uma ou mais empresas, assim entendida a totalidade dos rendimentos pagos, devidos ou creditados a qualquer título, durante o mês, destinados a retribuir o trabalho, qualquer que seja a sua forma, inclusive as gorjetas, os ganhos habituais sob a forma de utilidades e os adiantamentos decorrentes de reajuste salarial, quer pelos serviços efetivamente prestados, quer pelo tempo à disposição do empregador ou tomador de serviços nos termos da lei ou do contrato ou, ainda, de convenção ou acordo coletivo de trabalho ou sentença normativa."

Tratando em particular do doméstico reza o inciso II:

"II – para o empregado doméstico: a remuneração registrada na Carteira de Trabalho e Previdência Social, observadas as normas a serem estabelecidas em regulamento para comprovação do vínculo empregatício e do valor da remuneração."

Antes da LDD, o art. 211 do RPS dizia que:

"A contribuição do empregado domestico é de doze por cento do salário de contribuição do empregado doméstico a seu serviço."

O que não explicava muita coisa quanto a hipótese de incidência.

O art. 34 do LDD disciplina as alíquotas, mas não aclara o salário de contribuição autorizando, portanto, remissão ao PCSS.

Pelo menos, o salário de contribuição é a remuneração constante do registro contido na CTPS. No mínimo, o salário mínimo. Caso essa anotação não reflita a realidade, feita a prova, mesmo o montante dela não constante valerá para a contribuição e os benefícios.

Nesse valor estarão compreendidas algumas parcelas que têm de ser minimamente esmiuçadas.

Vale recordar que muitas das verbas, examinada a seguir, suscitam questionamentos administrativos, judiciais e doutrinários.

Capítulo 14 — Parcelas Integrantes

Os valores devidos ou pagos ao doméstico são diversificados e devem ser considerados com atenção pelo empregador doméstico quando da apuração da base de cálculo da contribuição previdenciária mensal. Desembolsados os montantes, constituindo direitos do trabalhador carece distinguir as parcelas integrantes das não integrantes do salário de contribuição.

O salário mensal é a principal parte da remuneração do doméstico, cuja quantia, é usualmente anotada na CTPS. Salário é a retribuição por serviços prestados (Délio Maranhão). Adiantamento de salário é salário. Importâncias proporcionais aos dias trabalhados, especialmente na admissão, mantêm sua natureza. Diferença do piso salarial quitada ou não, tem essência salarial. Dinheiro fornecido ao doméstico fora do convencionado é salário.

Os ganhos habituais (dicção constitucional não muito aclarada), no comum dos casos são salariais, convindo examiná-los um a um (CF, art. 201, § 11).

As horas extras excedentes a jornada de trabalho, com o acréscimo de 50%, são nitidamente remuneratórias na condição de conquistas sociais. A parte efetivamente trabalhada e o percentual que as acrescem. Entretanto, para o AGRGE n. 545.317/DF não haveria essa contribuição, bem como a do adicional de férias.

De acordo com o art. 2º, § 6º, da LDD, na hipótese de rescisão do contrato de trabalho sem ter havido compensação integral da jornada extraordinária, o doméstico fará jus ao pagamento dessas horas extras e sobre esse desembolso incidirá a contribuição previdenciária e fundiária.

O montante aduzido ao salário em razão do exercício de atividade das 12h00 às 05h00, da ordem de 20%, designado como adicional noturno, constitui conquista salarial remuneratória (LDD, art. 14).

O *quantum* correspondente às férias usufruídas tem natureza remuneratória. É um montante não salarial.

Da mesma forma, o 1/3 constitucional das férias. Os 20 dias restantes são normais. As férias proporcionais devidas quando da rescisão contratual também são remuneratórias. As vendidas, relatadas no art. 17, § 3º, da LDD, assumem caráter salarial, ainda que sejam simples, proporcionais ou dobradas.

Os 25% aportados ao salário em virtude do doméstico acompanhar a pessoa ou a família em viagens são nitidamente remuneratórios (LDD, art. 11, § 2º).

Os dias do aviso-prévio usufruído é um período de trabalho normal e *ipso facto* faz parte da remuneração do doméstico. No caso do empregador dispensá-lo do trabalho nesses dias, o valor é considerado salarial.

A contribuição do aviso-prévio indenizado é polêmica a despeito do que dispõe o PCSS, no seu art. 28, § 9º, *e*. O Decreto n. 6.727/09 revogou o art. 214, § 9º, *f*, do RPS e, com isso, a RFB passou a exigir contribuições, procedimento não foi acolhido pelo RESP n. 1.221.665/PR, *in* DJe de 23.2.11.

O décimo terceiro salário ou gratificação de Natal da Lei n. 4.090/62 e do art. 201, § 6º, da Carta Magna, faz parte do conceito de hipótese de incidência (LDD, art. 34, § 1º). Da mesma forma sua versão proporcional quando do desfazimento do vínculo empregatício ou de período anual não integral do exercício laboral.

Segundo o APELREX n. 15.713, *in* DJe de 17.3.11, não haveria incidência sobre o décimo terceiro salário proporcional resultante de aviso-prévio indenizado.

O descanso semanal remunerado previsto na vetusta Lei n. 605/49 é remuneratório. Acréscimo do trabalho em domingos e feriados, pago dobrado tem natureza salarial (LDD, art. 2º, § 8º).

Claramente, o art. 28, § 2º, do PCSS diz que o salário-maternidade se sujeita à contribuição. A licença à paternidade, bem como os dias de nojo, gala, doação de sangue, alistamento eleitoral e serviço militar obrigatório são entendidas como faltas justificadas.

O vale-transporte não é salário nem remuneração, mas reembolso de despesas.

Para o RESP n. 941.755 não haveria incidência de contribuições sobre os primeiros 15 dias pagos pelo empregador quando do auxílio-doença.

Por ser civil, a indenização decorrente do dano moral está excluída do conceito de parcela integrante do salário de contribuição. A eventual reparação devida em razão da Súmula STF n. 229 é puramente indenizatória.

O acordo trabalhista na Justiça do Trabalho experimenta os mesmos preceitos, inclusive de decadência, tem valores remuneratórios ou indenizatórios, convindo examinar cada um deles. Quando a homologação judicial não fizer distinção acolher-se-á como remuneratórios (PCSS, art. 42, § 1º). Não existe a pretendida indenização para extinção do processo de reclamação trabalhista.

Qualquer que seja sua quinta-essência os valores acima do limite da previdência social não se sujeitam a contribuição do INSS do doméstico.

O plano de saúde inteiramente pago pelo empregador desobriga-se de contribuições (PCSS, art. 28, § 9°, *q*). Igual raciocínio vale para a previdência privada por ele custeada (art. 28,§ 9º, *p*).

A multa de 40% dos depósitos do FGTS devida pelo empregador quando da rescisão contratual não tem caráter remuneratório.

Alimentação, vestuário, moradia na residência da família não fazem parte do conceito. Diferente será se o empregador propiciar outra residência (LDD, art. 18, § 1º).

O raríssimo incentivo ao pedido de demissão é indenizatório.

A bolsa educacional ou de aprendizagem dispensa-se da exação securitária.

A complementação patronal do auxílio-doença é benefício previdenciário atribuído ao empregador e, destarte, não sofre exação (PCSS, art. 28, § 9º, *n*).

O valor do reembolso do auxílio-creche não se sujeita a taxação e assim também o da pré-escola.

O salário-família não é salarial (PBPS, arts. 65/70).

A indenização pecuniária para a devida quebra do contrato por prazo determinado previsto no art. 489 da CLT é indenizatória.

Capítulo 15 — Descontos Permitidos

Como todos os trabalhadores "coletivos" (empregados, temporários, avulsos e cooperados), o recolhimento da contribuição do doméstico se dá pelo empregador após a retenção legal. Ou sem esta, se assim preferir, como é muito comum, arcando com o duplo encargo. A pessoa ou a família brasileira costuma não descontar a contribuição previdenciária, assumindo esse ônus.

Destarte, a remuneração do doméstico está sujeita ao desconto da contribuição pessoal previdenciária que varia de 8%, 9% a 11%.

No ato do desembolso da remuneração, mediante recibo assinado pelo doméstico, o empregador fará o desconto da contribuição previdenciária conforme a renda mensal (LDD, art. 34, I e § 2º).

Em cada caso, outros valores podem ser retidos e constituem exceções a serem consideradas. São exemplos pouco comuns, a pensão alimentícia de natureza civil e os danos causados à residência. Também incomuns serão dívidas para com o INSS.

O Imposto de Renda conforme o art. 7º, I, da tabela vigente da Lei n. 7.713.88:

Salários em R$	Alíquota	Parcela a reduzir (R$)
Até 1.903,98	—	—
1.903,99 a 2.826,65	7,5%	142,80
2.826,66 a 3.751,05	15,%	354,80
3.751,06 a 4.664,58	22,5	636,13
Acima de 4.664,58	27,5	869,36

Vale registrar a presunção absoluta do desconto (e do recolhimento) da contribuição do trabalhador, ou seja, ainda que não ocorram essas duas obrigações patronais, o doméstico não será prejudicado quando do pedido de benefícios da previdência social (PCSS, art. 33, § 5º).

Na hipótese do empréstimo consignado pelo doméstico aposentado vale lembrar o desconto na aposentadoria.

Capítulo 16 — Contribuição Patronal

Além da parcela descontada do doméstico (de 8%, 9% ou 11%), de acordo com a LC n. 150/15 o empregador doméstico recolherá a parte patronal de 8% a partir de outubro de 2015 (LDD, art. 34), destinada a custear as prestações comuns.

Anteriormente sua alíquota era de 12%, que, somada aos 8% do segurado, totalizava 20% do salário de contribuição. Foi aliviada significativamente em favor dos 8% do FGTS. Com isso a Previdência Social perde receita.

O teto da contribuição do doméstico e do empregador é de R$ 4.663,75 em 2015.

Note-se que em relação às empresas não há limite para a contribuição patronal. O PCSS, no seu art. 24 entendeu que era igual ao do doméstico.

Além disso aportará 0,8% a título de seguro de acidente do trabalho, uma novidade, aparentemente fixando-se no risco leve de infortúnios. Sem se saber sobre a aplicação do Fator Acidentário Previdenciário (FAP). Acredita-se que não.

O FGTS se desdobra em dois ônus: 8% da mesma remuneração do doméstico mais 3,2% destinado a uma conta especial: a indenização por demissão com justa causa (LDD, art. 22).

Note-se que o total das despesas atinge 24% do salário de contribuição. Se o salário for de R$ 2.000,00, serão R$ 480,00 mensais a serem recolhidos.

O Imposto de Renda depende da faixa da remuneração e segue as regras dos empregados e demais trabalhadores.

Conforme o art. 35, a exemplo das empresas, fica claro o dever do empregador de pagar a remuneração devida, arrecadar e recolher a contribuição previdenciária, bem como a do FGTS e do IR. Se não o fizer, assumirá esse ônus total.

O prazo é até o dia 7 do mês seguinte ao mês de competência (LDD, art. 38, I, *a*).

Capítulo 17 — Fiscalização do Empregador

Desde 1972 o INSS não fiscaliza o empregador doméstico em sua residência; esse tema sempre foi mal disciplinado. Eventuais contatos entre o devedor da obrigação fiscal e o credor devem ter ocorrido junto das APS.

Agora, com a LDD, o cenário mudou, conforme se vê no seu art. 42. Todavia, o assunto ainda gera dúvidas.

O empregador doméstico arquivará os documentos comprobatórios da relação jurídica, conforme a natureza jurídica de cada um deles.

Por cinco anos, a guia do Simples Doméstico, mas recomenda-se que seja por mais tempo. Nunca se sabe.

O recibo de pagamento dos salários segue a decadência trabalhista, mas da mesma forma é bom guardá-los por uns dez anos. Poderá servir para o próprio trabalhador fazer prova do tempo de serviço.

Por 30 anos as guias do FGTS referentes ao período anterior a 13.11.14. Por cinco anos, as seguintes.

A fixação do aviso de férias depende do período aquisitivo e na condição de direito trabalhista pelo menos por cinco anos.

Uma cópia do aviso-prévio é importante que seja preservada durante o quinquídio decadencial.

A entrega da Declaração de Rendimentos para os fins do IR se fará mediante recibo e no prazo de cinco anos.

O prazo para reclamações trabalhistas segue a CLT, de cinco anos durante a vigência do contrato de trabalho e de dois anos após a rescisão (LDD, art. 43).

A LDD alterou a Lei n. 10.593/2, determinando que:

> "A verificação pelo Auditor-Fiscal do Trabalho, do cumprimento das normas que regem o trabalho do empregado doméstico, no âmbito do domicílio do empregado, dependerá de agendamento e de entendimento prévios entre a fiscalização e o empregador."

Fica claro que essa inspeção tem natureza prioritariamente orientadora. No caso de não registro na CTPS sobrevirá Auto de Infração por parte da inspeção do trabalho do MTE. Nos demais casos, vigerá o sistema de dupla visita.

O INSS não tem mais agentes fiscais; eles servem como Auditores Fiscais na Receita Federal do Brasil.

Qualquer fiscalização ocorrerá com a presença do empregador ou por alguém de sua família por ele designado. Enquanto nenhum deles estiver não será possível a verificação no local de trabalho. Ainda assim ela não seria recomendável.

Na LDD inexiste menção à fiscalização da RFB, autorizada a cobrar as contribuições previdenciárias, nem a CEF. O correto, nesses casos, é convocar o interessado a comparecer na sede da RFB.

Capítulo 18 — Responsável Fiscal

Como antecipado, a pessoa ou a família não tem sido fiscalizada pelas obrigações formais e materiais, entre essas últimas, as fiscais.

Quer dizer, o empregador doméstico é uma pessoa física, no comum dos casos o marido ou a mulher ou outros familiares, alguém, que assume o ônus de preencher e assinar a CTPS, além de cumprir as formalidades bastante aumentadas com a LDD.

A relação jurídica de previdência social derivada do contrato doméstico gera um ônus fiscal do empregador: reter e recolher as contribuições em seu nome e por isso é preciso apurar quem será o sujeito passivo dessa ação significativa.

Tradicionalmente, ainda que o responsável seja o casal, se uma família se constitui de marido e mulher, devidos aos usos e costumes, comumente esta última é quem admite, seleciona e contrata o doméstico. Por fim, acaba assinando a CTPS.

Rigorosamente o casal é o responsável. O ideal é que ambos os cônjuges assinem os diversos documentos próprios dessa relação.

Uma vez obtido o número de matrícula do doméstico no INSS, a razão social do empregador pode ser João da Silva e Maria de Oliveira.

Em uma família, caso não existam o pai e a mãe e os filhos sejam cuidados por um tutor ou curador, um destes substitutos assumirá as responsabilidades formais e materiais. Fundamentalmente, assinará a CTPS.

Como provedor ele auferirá os meios de subsistência desses filhos, por exemplo, recebendo rendas, aluguéis e até a pensão por morte, devendo cumprir as obrigações patronais.

Vale registrar o que dispõe o *caput* do art. 33 do PCSS:

> "À Secretaria da Receita Federal do Brasil compete planejar, executar, acompanhar e avaliar as atividades relativas à tributação, à fiscalização, à arrecadação, à cobrança e ao recolhimento das contribuições incidentes a titulo de substituição e das devidas a outras entidades e fundos."

O § 5º do art. 33 do PCSS fixa a presunção de retenção e do recolhimento. Nestas condições, se o empregador não deduzir a contribuição do doméstico ele é fiscalmente responsável por elas.

O art. 35 da PBPS diz:

> "Ao segurado empregado, *inclusive o doméstico*, e ao trabalhador avulso que tenham cumprido todas as condições para a concessão do benefício pleiteado, mas não possam comprovar o valor de seus salários de contribuição no período básico de cálculo, será concedido o benefício de valor mínimo, devendo esta renda ser recalculada quando da apresentação de prova dos salários de contribuição." (grifos nossos)

Quer dizer, o doméstico tem preliminarmente direito ao salário mínimo, caso no momento do pedido do benefício não possa provar os seus salários de contribuição contidos no PBC.

Equivocou-se o legislador quando diz "no" período básico de cálculo; deveria ser "do". O prazo para que apresente as provas desejadas para a revisão de cálculo da RMI é de 10 anos (PBPS, art. 103).

Essa RMI será reajustada como a dos benefícios correspondentes com igual data de início e substituirá, partir da data do requerimento de revisão do valor do benefício, a renda mensal que prevalecia até então (PBPS, art. 37).

Capítulo 19 — Acréscimos Legais

As contribuições previdenciárias não recolhidas até a data do seu vencimento sujeitam-se a atualização, a juros e a multa de mora determinados de acordo com a legislação. Diversas leis dispõem sobre o assunto e estão consolidadas na IN SRF n. 971/09.

No *site* da RFB o empregador doméstico poderá efetuar o cálculo dos acréscimos legais e do montante consolidado a ser recolhido. Pois ele historicamente é complicado como se verá.

As contribuições cujos fatos geradores ocorreram até dezembro de 1994 submetem-se a atualização monetária (art. 401). A quantia atualizada é obtida mediante a aplicação de um coeficiente disponível na Tabela Prática Aplicada em Contribuições Previdenciárias, sobre o valor originário do débito.

Os indexadores dessa atualização monetária variaram historicamente, conforme se colhe no art. 401, § 2º, I/IV:

I – até jan/91: ORTN/OTN e BTNF;

II – de fev/91 a dez/91: sem atualização (extinção da BNT fiscal pelo art. 30 da Lei n. 8.177/91):

III – de jan/91 a dez/94: UFIR (art. 54 da Lei n. 8.383/91): e

IV – de jan/95 em diante, pelos atos geradores até dez/94: UFIR, com versão para o Real com base no valor desta, fixado para o trimestre do pagamento (art. 5º da Lei n. 8.981/91).

Os percentuais de juros de mora, da mesma forma variaram ao longo do tempo.

Eles correspondem:

I – para fatos geradores ocorridos até dez/94:

a) até jan/91: 1%, conforme o disposto no art. 161 da Lei n. 5.172/66 (CTN) e no art. 82 da Lei n. 3.807/60 (LOPS);

b) de fev/91até dez/91: Taxa Referencial (TR), conforme o disposto no art. 9º da Lei n. 8.177/91;

c) de jan/92 até dez/94: 1%, conforme o disposto no art. 54 da Lei n. 8.383/91;

d) de jan/95 até dez/96: 1%, conforme o disposto no § 5º do art. 84 da Lei n. 8.981/95;

e) de jan/97 a 2 de dez/08: Taxa Referencial de Sistema Especial de Liquidação e de Custódia (SELIC), conforme o disposto no art. 30 da Lei n. 10.522/02, resultado da conversão da Medida Provisória n. 1.542/96, e reedições até a Medida Provisória n. 2.176-79/01, combinado com o art. 34 do PCSS.

f) a partir de 3 de dez/08: SELIC,conforme o disposto no § 3º do art. 61 da Lei n. 9.430/96, combinado com o art. 35 do PCSS.

II – para fatos geradores ocorridos a partir de jan/95 até 2 de dez/08 será aplicado 1% no mês de vencimento, 1% no mês de pagamento e nos meses intermediários:

a) de jan/95 a mar/95: variação da Taxa Média de Captação do Tesouro Nacional (TCTN) conforme o disposto no inciso I e § 4º do art. 84 da Lei n. 8.981/95, e art. 34 do PCSS.

b) a partir de abr/95 a 2 de dez/08: variação da SELIC, conforme o disposto no art. 13 da Lei n. 9.065/95 e no art. 34 do PCSS.

III – para fatos geradores ocorridos a partir de 3 de dez/08 será aplicada a variação da SELIC a partir do 1º dia do mês subsequente ao vencimento do prazo até o mês anterior ao do pagamento e 1% no mês de pagamento, nos termos do § 3º do art. 61 da Lei n. 9.430/96, combinado com o art. 35 do PCSS.

Às contribuições devidas pelo contribuinte individual que comprove a atividade com vistas à concessão de benefícios até março de 1995, aplicam-se juros de mora de 0,5% ao mês, capitalizados anualmente, limitados ao percentual máximo de 50%.

As contribuições não recolhidas no prazo, incluídas ou não em Auto de Infração ou Notificação de Lançamento, objeto ou não de parcelamento, ficam sujeitas à multa de mora nos termos do *caput* e dos §§ 1º e 2º do art. 61 da Lei n. 9.430/96.

Os débitos cujos fatos geradores ocorrerem a partir de 1º de janeiro de 1997 são acrescidos de multa de mora, calculada à taxa de 0,33% por dia de atraso, a partir do primeiro dia subsequente ao vencimento do prazo da contribuição até o dia em que ocorrer o seu pagamento. Esse percentual de multa com recolhimento espontâneo é limitado a 20%.

O PCSS prevê ainda especificamente diversos percentuais da multa em razão de atuação fiscal, que são bastante elevados.

Capítulo 20 — Parcelamento de Débitos

Derrogado o art. 38 do PCSS, a Lei n. 10.522/02 rege o parcelamento de débitos para com a Previdência Social em 60 prestações mensais.

Esse parcelamento é habilitado mediante uma confissão de dívida constituindo-se em instrumento hábil e suficiente para a exigência do crédito tributário.

Cumpridas as condições legais, o parcelamento consolida-se na data do pedido e é automaticamente deferido após 90 dias, contado da data do seu pedido ainda que a Fazenda Nacional não tenha se pronunciado.

Enquanto não deferido o pedido, o devedor obriga-se a recolher, a cada mês, valor correspondente a uma parcela.

O valor da prestação mensal será acrescido de juros equivalentes à taxa referencial da SELIC para títulos federais, acumulada mensalmente, calculados a partir do mês subsequente ao da consolidação até o mês anterior ao do pagamento, de 1% relativamente ao mês em que o pagamento estiver sendo efetuado.

O valor mínimo de cada mensalidade será fixado em ato conjunto do Secretário da Receita Federal do Brasil e do Procurador-Geral da Fazenda Nacional.

No caso de parcelamento de débito inscrito em Dívida Ativa da União, o devedor pagará custas, emolumentos e demais encargos.

O valor da parcela será determinado pela divisão do montante do débito consolidado pelo número de parcelas até um máximo de 60.

O Ministro de Estado da Fazenda poderá delegar competência para regulamentar e autorizar o parcelamento dos débitos não inscritos em dívida ativa da União.

A concessão do parcelamento dos débitos inscritos em dívida ativa da União compete privativamente à Procuradoria-Geral da Fazenda Nacional.

Em especial, o empregador doméstico poderá parcelar os débitos com os relativos à contribuição vencida até 30 de abril de 2013.

Ele abrangerá todos os débitos existentes em nome do empregado e do empregador, inclusive débitos inscritos em dívida ativa.

Poderão ser:

I – pagos com redução de 100% das multas, de 60% dos juros de mora e de 100% sobre os valores dos encargos legais e advocatícios;

Poderão ser quitados em até 120 parcelas, com prestação mínima de R$ 100,00.

O parcelamento deverá ser requerido na partir do dia 2.6.2015.

No caso de não recolhimento de três parcelas implicará, após comunicação ao sujeito passivo, a imediata rescisão do parcelamento e, conforme o caso, o prosseguimento da cobrança.

Rescindido esse parcelamento:

"I – será efetuada a apuração do valor original do débito, com a incidência dos acréscimos legais, até a data de rescisão; II – serão deduzidas do valor referido no inciso I deste parágrafo as parcelas pagas, com a incidência dos acréscimos legais, até a data de rescisão."

O parcelamento sujeita o contribuinte a:

I – confissão irrevogável e irretratável dos débitos referidos no art. 40;

II – aceitação plena e irretratável de todas as condições estabelecidas;

III – pagamento regular das parcelas do débito consolidado, assim como das contribuições com vencimento posterior a 30 de abril de 2013.

Capítulo 21 — Decadência e Prescrição

De modo geral a exigência fiscal da contribuição securitária se sujeita à decadência (notificação) e à prescrição (cobrança). O prazo vigente é de cinco anos (Súmula STF n. 8/08).

A derivada da relação doméstica segue esse entendimento.

Curiosamente o PCSS não tem norma expressa a respeito. Os arts. 45 (decadência) e 46 (prescrição) foram revogados pela Lei Complementar n. 128/08 (até então eram de 10 anos).

Com isso a RFB, no caso de inadimplência do empregador doméstico, somente poderá tentar receber os últimos cinco anos.

Em 2015 não poderá exigir eventuais débitos de dezembro de 2010 para trás.

Portanto, notificado o empregador doméstico dentro do prazo legal, a exigências das contribuições segue o prazo prescricional de cinco anos.

No que diz respeito aos benefícios, o direito é imprescritível, eles podem ser solicitados a qualquer tempo, variando conforme cada modalidade.

O prazo para revisão de cálculo de benefício concedido é de 10 anos (PBPS, art. 103).

Com base em interativas decisões do STF, dia 18.6.15 a TNU determinou que:

> "Não incide o prazo decadencial previsto no art. 103, *caput*, da Lei 8.213/91, nos casos de indeferimento e cessação de benefícios, bem como em relação às queixas não apreciadas pela Administração no ato de concessão." (Súmula TNU n. 81)

São três questões distintas: a) indeferimento do requerimento; b) cessação da manutenção; c) queixas não apreciadas.

Diante da imprescritibilidade do direito aos benefícios, sem intempestividade, a qualquer momento cabe novo pedido da prestação indeferida. Cessado o benefício a qualquer tempo o segurado poderá pedir revisão dessa decisão. Se o INSS não apreciou todas as questões, em relação a estas o segurado poderá solicitar reexame a qualquer tempo.

No que se refere ao FGTS a questão sofreu significativa alteração em 13.11.14. Até então, de acordo com a Lei n. 8.036/90 o prazo de decadência era de 30 anos e passou a ser de 5 anos nos termos da Súmula TST n. 362:

> "I – para os casos em que a ciência da lesão correu a partir de 13.11.2014, é quinquenal a prescrição do direito de reclamar contra o não recolhimento de contribuição para o FGTS, observado o prazo de dois anos após o término do contrato: II – Para os casos em que o prazo prescricional já estava em curso em 13.11.2014, aplica-se o prazo prescricional que se consumar primeiro: trinta anos, contados do termo inicial, ou cinco anos, a partir de 13.11.2014."

Capítulo 22 — Acidentes do Trabalho

A Lei n. 5.859/72 não propiciava proteção acidentária ao doméstico, possivelmente julgando que os infortúnios residenciais seriam raros ou mínimos.

Esta última afirmação não era verdadeira; então, os trabalhadores apenas podiam pedir o benefício comum (NB 31) se cumprissem o período de carência de 12 contribuições.

Hoje em dia possivelmente o número de acidentes automobilísticos *in itinere* é maior do que os ocorridos na residência do empregador.

Com a LDD esse cenário mudou e foi instituído o seguro de acidente do trabalho emergindo a obrigação do empregador (parte patronal), mediante uma contribuição mensal adicional de 0,8%.

Ela cresceu uma nova redação ao art. 19 do PBPS, dizendo:

"Acidente do trabalho é o que ocorre pelo exercício do trabalho a serviço de empresa ou de *empregador doméstico* ou pelo exercício do trabalho dos segurados referidos no inciso VII do art. 11 desta Lei, provocando lesão corporal ou perturbação na capacidade para o trabalho." (grifos nossos)

Destarte, além dos 8%, ele deve recolher 0,8% do salário de contribuição até o teto da previdência social.

Com isso o doméstico, conforme o caso, faz jus ao auxílio-doença, à aposentadoria por invalidez, ao auxílio-acidente e outorga a pensão por morte.

É preciso lembrar-se da explosão dos botijões de gás, incêndios, desabamentos e soterramentos, quedas de aviões etc., e outros eventos que podem gerar infortúnios laborais.

Capítulo 23 — Comunicação do Acidente

Em termos de empregado celetista, a Lei n. 11.430/06 autorizou a perícia médica do INSS decidir se a incapacidade alegada pelo segurado requerente de auxílio-doença ou de aposentadoria por invalidez decorreu da insalubridade ambiental do trabalho, quando coincidentes epidemiologicamente o CNAE da empresa com o CID afirmado pelo trabalhador, um instituto técnico conhecido com a sigla NTEP.

A CAT é uma notícia escrita, célere e obrigatória formalizada e encaminhada mediante formulário padronizado, a que está obrigado o empregador quando da ocorrência de evento infortunístico laboral, para que várias autoridades ministeriais do Governo Federal tomem conhecimento do nível de acidentalidade do local de trabalho. Sem domésticos ou empregados, mas com ênfase para os últimos.

Três ministérios (MS, MTE e MPS) têm evidentes interesses em tabular, rastrear e acompanhar essas ocorrências a ponto de, na sua ausência, satisfazerem-se até com a emissão terceirizada desse documento (PBPS, art. 22, § 2º).

A mencionada Lei n. 10.666/03 e a Lei n. 11.430/06 deixaram claro que o Governo Federal afastou as políticas meramente programáticas em termos de prevenção e enveredou por uma ação mais eficaz, ou seja, incentivar a redução dos acidentes do trabalho com o NTEP e o FAP.

Estas providências tomadas pelo MPS estão diretamente ligadas ao conceito de acidente do trabalho, com vistas à diminuição do custo de manutenção dos benefícios por incapacidade, aqueles que demandam afastamento por mais de 15 dias. Amanhã, talvez se interesse por incidentes menores do dia a dia; em grande número também dão conta da inospitalidade do ambiente do trabalho.

O *caput* do art. 21-A do PBPS reza:

> "A empresa deverá comunicar o acidente de trabalho à Previdência Social até o 1º (primeiro) dias útil seguinte ao da ocorrência e, em caso de morte, de imediato, à autoridade competente sob pena de multa variável entre o limite mínimo e o limite máximo do salário de contribuição sucessivamente aumentada na reincidência, aplicada e cobrada pela Previdência Social."

De sorte que, a despeito de outras considerações, quando se tratar de acidente do trabalho, o dever formal se impõe.

Ausente uma determinação expressa legal bem clara subsistem algumas dúvidas sobre as ocorrências de acidente do trabalho típico (traumático) ou doenças ocupacionais que implicarem em afastamento laboral por menos de 15 dias.

Diferente é a situação do licenciado por alguns dias, que volta ao trabalho e se sentindo sem condições de trabalhar, novamente se licencia, de modo que os dois períodos de afastamento somados superem os tais primeiros 15 dias, caracteriza o acidente do trabalho e, por conseguinte, à luz do que diz o art. 23 do PBPS.

Nesta última hipótese, não pairam dúvidas quanto ao dever da emissão da CAT porque se trata do acidente do trabalho que deflagra o auxílio-doença acidentário.

Em nenhum momento, ao definir o que seja o infortúnio laboral a legislação acidentária se refere ao evento infortunístico que afaste o trabalhador por menos de 15 dias, usualmente designado como incidente.

Os arts. 19/23 do PBPS não tratam dessas inaptidões para o trabalho, resolvidas internamente com licenças remuneradas concedidas pelo seu setor de medicina do trabalho até porque o conceito de acidente que interessa à legislação e à Previdência Social é o que implica em afastamento superior aos primeiros 15 dias e eventual concessão de auxílio-doença, aposentadoria por invalidez, auxílio-acidente e pensão por morte.

Caso o segurado tenha se afastado por alguns dias e retornado ao trabalho por pouco tempo, não logrando retomar as atividades habituais e novamente se afaste, de modo que os dois períodos de licença superem os 15 dias, cumpre-se o objetivo da lei de que o trabalhador, deve ter sua licença médica custeada pelo INSS, contado da data em que completou esses 15 dias, normalmente por intermédio do auxílio-doença ou, numa rara hipótese, da aposentadoria por invalidez.

> "Considera-se como dia do acidente, no caso de doença profissional ou do trabalho, a data do início da incapacidade laborativa para o exercício da atividade habitual, ou dia da segregação compulsória, ou o dia em que for realizado o diagnóstico, valendo para esse feito o que ocorrer primeiro."

O legislador de 1º.6.2015 não se lembrou que a cobrança da contribuição previdenciária foi atribuída à RFB desde a Lei n. 11.457/07.

Capítulo 24 — Perícia Médica

A perícia médica previdenciária continua sendo uma sede enorme de preocupações do MPS, dos sindicatos e dos trabalhadores.

Os questionamentos se arrastam, avolumam e agudizam há mais de 15 anos e não se vislumbram soluções compatíveis com a importância do tema e suas consequências malévolas.

Em virtude desse estado de coisas instalado, a Justiça Federal está sobrecarregada com uma infinidade de ações que demandam a avaliação da aptidão para o trabalho, solucionada tão somente por custosas perícias judiciais.

Com isso tem-se triplicados os exames periciais necessários a concessão de auxílios-doenças: a) do médico do trabalho; b) da perícia médica do INSS e c) do médico perito de confiança do juiz.

Legalmente, o INSS somente estaria obrigado a se manifestar em 45 dias aferidos a partir da DER (em preceito não tão claro assim; cuida da correção monetária). E, destarte, o segurado, no mínimo fica desprotegido durante dois meses.

Portanto, o trabalhador, doente e carente de recursos, resta sem definição do pedido e sem salários por um largo tempo. Pressupondo-se a incapacidade, se a prestação é negada a situação fica ainda pior.

Numa proposta em estudos no MPS, com base em laudos médicos particulares, a autarquia federal deferiria o benefício, principalmente nos casos de afastamento até 45 dias.

À evidência, inicialmente, quem definirá esse período seria o mesmo médico particular do interessado, bastante valorizado com essa iniciativa.

Vencido esse lapso de tempo, o segurado se obriga ao exame do INSS e igual raciocínio valerá quando de auxílio-doença acidentário (que não dispensaria a perícia médica).

Até porque emitida uma CAT, o patrão afirma a incapacidade, e ela tem de ser verificada.

Segundo o MPS os pedidos de auxílio-doença são 50% dos benefícios, especialmente os de curta duração.

Claro que se o segurado assim desejar, ele poderá agendar a perícia médica.

Julga-se que essa medida, especialmente depois de avançar com a experiência de uns dois anos, permitindo aos médicos peritos da autarquia melhorar suas avaliações, desapareça a ida de Seca à Meca, que afronta a dignidade dos segurados.

Atualmente o trabalhador vai ao INSS, a autarquia nega, o segurado volta ao médico do trabalho do seu empregador, que se recusa a autorizar o retorno ao trabalho.

Vale registrar que algumas empresas estão assumindo o encargo da antecipação do benefício até 40 dias, com posterior compensação junto da contribuição devida, e até mesmo sem isso, em virtude dos custos do afastamento do trabalho.

Seria preferível bancar esse ônus em vez de ter de enfrentar todos os entraves da burocracia.

Como ressaltado, com essa solução administrativa sobrevirá uma valorização da perícia particular, promovida por médicos autônomos ou clínicas médicas especializadas, sem prejuízo do INSS tabular as discrepâncias entre os dois exames e pôr em dúvida a possibilidade de fraudes.

A medida deve ser aplaudida como melhora significativa dos serviços da Previdência Social e, mais tarde, deverá ser estendida até mesmo para os acidentes do trabalho.

Vencido esse lapso de tempo, o segurado se obriga ao exame e igual raciocínio valerá quando de auxílio-doença acidentário (que não dispensaria a perícia médica), até porque emitida uma CAT, a empresa afirma a incapacidade, e ela tem de ser verificada.

A LDD diz:

> "A perícia médica do Instituto Nacional do Seguro Social (INSS) considerará caracterizada a natureza acidentária da incapacidade quando constante ocorrência de nexo técnico epidemiológico entre o trabalho e o agravo, decorrente da relação entre a atividade da empresa ou do empregador doméstico e a entidade mórbida motivadora a incapacidade elencada na Classificação Internacional de Doenças (CID), em conformidade com o que o dispuser o regulamento." (LDD, art. 21-A da Lei n. 8.213/91)

Esse procedimento é o que se chama de Nexo Técnico Epidemiológico Previdenciário (NTEP).

> "Se empresa ou empregador doméstico poderá requerer a não aplicação do nexo técnico epidemiológico, de cuja decisão caberá recurso, com efeito suspensivo, da empresa, do empregador domestico ou do segurado ao Conselho de Recursos da Previdência Social."

Considerações sobre essa não aplicação podem ser colhidas em nosso *Prova e Contraprova do Nexo Epidemiológico*. 3. ed. São Paulo: LTr, 2015.

A Presidência da República vetou os incisos II/III do § 5º do art. 60 do PBPS, quando esse dispositivo pretendia terceirizar a perícia médica para "entidades privadas de serviço social e de formação profissional, vinculadas a sistema sindical" (inciso II) e "entidades privadas e comprovada idoneidade financeira e técnica, desde que não empreguem o segurado" (inciso III).

Capítulo 25 — Auxílio-Doença

O auxílio-doença é um benefício comum, derivado de doenças ou enfermidades. Tido como acidentário é exigível pelo doméstico pelo menos a partir de 1º.3.2015.

Ausente expressamente na Carta Magna, todavia é sinalizado no seu art. 201, I, quando ela menciona a cobertura da doença incapacitante.

Possivelmente, não assegura a estabilidade laboral provisória do doméstico como sucede com o empregado. Suscitará polêmica adiante.

Em 28.4.95, teve o seu cálculo bastante simplificado, resultando da aplicação de um coeficiente padrão (de 91%) sobre o salário de benefício, apurado desde julho de 1994. A partir de 2.6.15 passou a ser, no máximo, de 91% da média dos últimos 12 meses (com muitos desdobramentos posteriormente examinados).

Durante sua fruição o trabalhador é considerado licenciado do esforço doméstico. Para isso não há previsão de licença remunerada trabalhista.

Prestação nitidamente previdenciária temporária, substituidora dos salários, de pagamento continuado, reeditável, obsta a volta ao trabalho, é direito do segurado incapaz para o seu labor por mais de 15 dias. O que não significa que o doméstico tenha de esperar esse tempo para requerê-lo.

Exige período de carência de 12 contribuições mensais, caso não seja acidentário, e afastamento do trabalho.

Legalmente indeferido o pedido pelo INSS para aquele que ingressou incapaz no sistema, em razão de doença ou lesão invocada como sinistro protegido (excetuada as figuras da progressão ou agravamento da inaptidão). Fixada a DII em momento anterior ao ingresso no RGPS, salvo na hipótese do aludido agravamento não subsistirá direito ao benefício.

A distintiva "trabalho" e "atividade habitual" quer dizer a ocupação do segurado doméstico. Ultimamente se tem entendido que afetações sociais também o autorizariam.

Não importa a causa, se comum ou acidentária (acidente do trabalho, doença profissional, do trabalho ou de qualquer natureza). Terá de ser, porém, obstativa do labor. Algumas incapacidades não o deflagram; cada uma delas deverá ser perquirida em função do exercício da atividade.

Requerido até 30 dias da Data do Afastamento do Trabalho (DAT), terá início no 16º dia, contado a partir do último dia de labor, para o servidor, empregado, temporário ou empresário.

No caso do doméstico começa na Data do Início da Incapacidade (DII) e na Data de Entrada do Requerimento (DER), se entre essas datas se tiverem passado mais de 30 dias.

Como o benefício começa na DII não há salário dos primeiros 15 dias, antecedentes ao início, como se ele tivesse trabalhado.

Se o segurado não pode requerê-lo por impossibilidade física, especialmente internado em hospital ou em tratamento ambulatorial, mesmo solicitado após o decurso dos 30 dias, a prestação paga-se desde a referida DII. O INSS tem a obrigação de processar a concessão quando tiver conhecimento de tão raro direito do interessado.

O benefício cessa por ocasião da alta médica (DCB) ou formalmente no dia anterior ao início da aposentadoria por invalidez ou do auxílio-acidente. Não há mensalidade de recuperação, como sucede na mencionada aposentadoria por invalidez.

Sem haver solução de continuidade (embora já existisse no passado, primeiro, de 12 meses e depois, de 24 meses), não há termo para sua manutenção e seu período de duração é considerado para fins dos demais benefícios.

Repete-se. Somente incapacidade perdurando por lapso de tempo superior a 15 dias determina a concessão. Acometido por doença ou enfermidade inibidora do trabalho por prazo inferior, devidamente comprovada por médico assistente próprio, conveniado ou do SUS, as faltas serão abonadas pelo empregador, devendo ser pagos os salários correspondentes. Tal importância assume natureza de benefício previdenciário devido pelo empregador.

Reeditável, durante a vida profissional ou fora dela, o doméstico pode requerer e usufruir inúmeros auxílios-doença. Em certos casos, interligados pela mesma enfermidade, devendo ser unificados.

A respeito de sucessivas faltas entremeadas com retorno ao trabalho ou de consecutivos auxílios-doença, determinada a não prestação de serviços pela mesma enfermidade, dizia o art. 73, § 3º, do Decreto n. 2.172/97:

> "Se concedido novo benefício decorrente da mesma doença dentro de sessenta dias contados da cessação do benefício anterior, a empresa fica desobrigada do pagamento relativo aos quinze primeiros dias de afastamento, prorrogando-se o benefício anterior e descontando-se os dias trabalhados, se for o caso."

O requerente do auxílio-doença se sujeita a exame médico pericial, promovido pelo INSS, terceirizado ou não.

A despeito do silêncio legal é obrigado a participar de processo de reabilitação profissional e a tratamento médico às expensas da Previdência Social. Insuscetível de recuperação para sua atividade habitual, o benefício não cessa até ser perfeitamente habilitado para outra função, capaz de lhe garantir a subsistência.

Tratando-se de benefício por incapacidade, obsta o retorno ao trabalho. Se, inadvertidamente o segurado o faz, ele tem uma alta técnica, o pagamento das mensalidades é sustado e, na hipótese de tê-lo feito sem informar o órgão gestor, recebeu as mensalidades indevidamente e está obrigado a restituir.

No máximo, a renda mensal inicial corresponde a 91% do salário de benefício dos últimos 12 meses, não podendo ser inferior ao salário mínimo nem superior ao limite do salário de contribuição. Se o segurado não tiver esses 12 meses será sobre a média dos existentes (PBPS, art. 29, § 10).

Tal disposição reclama inúmeras observações. O INSS procederá a dois cálculos: a) salário de benefício com salários de contribuição desde julho de 1994 e b) salário de benefício com base nos últimos 12 meses.

Tal fato deverá ser amplamente divulgado pela mídia porque poderão sobrevir problemas e questionamentos.

Desempregado, se um segurado recolhia com base em um salário de contribuição superior e, sem recursos financeiros, teve de contribuir como facultativo com base no salário mínimo durante um ano, essa última base de cálculo determinará o montante da renda mensal inicial do auxílio-doença que, por algum motivo, pode perdurar enquanto persistir a inaptidão.

Quem estiver próximo da aposentadoria as coisas são ainda mais complicadas. Nesse caso, os interessados costumam indagar dos advogados se podem deixar para recolher pelo salário mínimo durante os 20% dos salários de contribuição a serem expurgados (em junho de 2015 são 4 anos).

A resposta é positiva, mas lembra-se que se o legislador alterar o PBC para 120 meses como querem as Centrais Sindicais ou restabelecer os 36 meses desejados pelo Senador Paulo Paim, será prejudicado.

Próximo da aposentação, se precisar de um auxílio-doença o terá calculado com base no salário mínimo. Não se julgue que bastaria cessar o auxílio-doença por vontade do trabalhador que o problema seria resolvido, porque o INSS pode se recusar a cessar esse último benefício.

O fato de os 30 dias anteriores a DIB deverem ser pagos pelo empregador e terem sido válidos até o advento da Lei n. 13.135/15 e não convertidos nessa lei, traz problemas a serem solucionados. O empregador tem um crédito dos 15 dias pagos ao trabalhador a mais; o INSS teria um débito em relação a esse mesmo trabalhador porque somente pagou após os 30 dias. Terá de haver um acerto de conta entre as três partes.

Da mesma forma, o FAP foi alterado, pois o custo do benefício será maior do que o aferido antes da Lei n. 13.135/15.

Evidentemente, caso o segurado exerça atividade que lhe garanta subsistência terá o benefício suspenso (inadvertidamente a lei fala em cancelado) e caso ele se exercite em "atividade diversa daquela que gerou o benefício, deverá ser verificada a incapacidade para cada uma das atividades exercidas" (PBPS, art. 60 §§ 6º e 7º).

Ou seja, o legislador admitiu o *bico*.

Capítulo 26 — Aposentadoria por Invalidez

Aposentadoria por invalidez é uma prestação característica do seguro social, criada praticamente ao tempo do auxílio-doença. Tem previsão constitucional e legal, conhece considerável doutrina sobre os seus fundamentos e copiosa jurisprudência.

Benefício-irmão maior do auxílio-doença gera respeitáveis dissídios administrativos e judiciais pertinentes à definição do evento determinante. Além dos doutrinários. Isto é, a prova da invalidez parcial ou total, provisória ou definitiva.

Diante da enorme dificuldade de caracterizar a incapacidade para o labor ou recuperação, às vezes é negada para quem não tem condições de trabalho e deferida ao apto, provocando um sem-número de discussões quanto à matéria fática, principalmente caso seja oriunda de acidente do trabalho, doença profissional ou do trabalho.

Em 1995, teve o valor majorado para 100% do salário de benefício, simplificando os cálculos e superando o valor líquido auferido pelo trabalhador quando em atividade. O mesmo montante que se presta para decantação do *quantum* da pensão por morte.

É benefício substituidor dos salários, de pagamento continuado, provisório ou definitivo, pouco reeditável, devido a segurado incapaz para o seu trabalho e insuscetível de reabilitação para o exercício de atividade garantidora da subsistência.

Quem ingressa na previdência social incapaz para o trabalho não faz jus, salvo se sucedeu progressão ou agravamento após a filiação.

Submete-se a período de carência de 12 contribuições mensais e é determinado por doença ou enfermidade comum ou acidentária, então sem carência, sujeitas à verificação por exame médico pericial, sem limite de idade.

A condição deflagradora da aposentadoria por invalidez distingue-se do auxílio-doença, pela intensidade da inaptidão. Requer-se a mesma dificuldade para o seu trabalho por mais de 15 dias, estando, porém o segurado impossibilitado de reabilitação.

Quer dizer, também, quadro clínico mais sério e, por isso, o benefício pode dispensar o auxílio-doença precedente.

Precedido de auxílio-doença, o salário de benefício deste comporá o período básico de cálculo e substituirá os salários de contribuição.

Preenchendo os requisitos, se o segurado tiver concedida a aposentadoria por idade, tempo de serviço ou especial, cessa a aposentadoria por invalidez. De acordo com o art. 49 do Decreto n. 3.048/99, após os prazos da mensalidade de recuperação.

Resultando o benefício de transformação do auxílio-doença (caso mais comum), o salário de benefício deste último direito é considerado no cálculo da aposentadoria por invalidez, operada a transformação automaticamente pelo órgão gestor.

Caso o segurado, em razão da invalidez, precise da ajuda de pessoa é pago acréscimo de 25%, podendo, *in casu*, superar o limite do salário de benefício (R$ 4.663,75 em 2015). Essa adução cessa com o falecimento do segurado, não se incorpora à RMI da pensão por morte.

De regra, o benefício começa após o encerramento do auxílio-doença, mas, dispensado este último em razão da gravidade da impossibilidade de laborar para o doméstico tem início contado do afastamento do trabalho, observando as mesmas regras do auxílio-doença.

Concedido diretamente, sem o auxílio-doença, a partir da DII para o doméstico.

Quando o segurado readquire a aptidão para o trabalho e tem alta, o benefício é pago em montantes menores por algum tempo, até terminar de vez. Caso a perícia médica conclua nesse sentido, ela pode ser definitiva. Cessa imediatamente se o segurado, espontaneamente, voltar ao trabalho.

As regras aplicáveis são as seguintes: I – no caso de recuperação total e ocorrer dentro de cinco anos contados da DIB da aposentadoria do auxílio antecedente, cessa: a) de imediato para o empregado com direito a retornar à função antes desempenhada; b) após tantos meses quantos forem os anos de duração dos dois benefícios, para os demais segurados; II – quando a recuperação for parcial ou ocorrer após cinco anos, ou, ainda, quando o segurado for declarado apto para o exercício de trabalho diverso do qual habitualmente exercia, o benefício mantém-se: a) pelo seu valor integral durante seis meses a partir da recuperação da capacidade; b) redução de 50%, por seis meses; e c) com redução de 75%, por seis meses, até terminar definitivamente.

A concessão e a manutenção do benefício dependem de exame médico. De acordo com a Lei n. 12.063/14, os segurados com mais de 60 anos não estão obrigados à inspeção médica.

Da mesma forma, sujeitos a processo de reabilitação profissional.

Exatamente como o auxílio-doença, a prestação obsta naturalmente a volta ao serviço. Sentindo-se em condições de trabalhar o percipiente do benefício deve solicitar alta médica. Se não o fizer, retornando ao labor, determinará o encerramento do benefício e, nesse caso, terá de restituir o indevido.

Os documentos necessários são os seguintes: requerimento, relação dos salários de contribuição, prova de filiação (CTPS) e de contribuição, prova de endereço e, se quiser, juntada de atestados médicos particulares ou pareceres sobre a incapacidade.

Capítulo 27 — Acréscimo de 25%

A disposição dos magistrados da Justiça Federal de tentar fazer justiça, uma atitude louvável por todos os títulos — além da participação dos centros de estudos e dos legisladores — uma pretensão previdenciária a novos benefícios tem sido desenvolvida pelos operadores do direito, às vezes conduzindo a pequenos pecadilhos na ordem do ativismo judiciário.

Na busca da justiça social previdenciária, inicialmente é preciso encontrar os mecanismos normativos contidos no ordenamento jurídico, quando isso for possível para obter-se a solução desejada e aceitável.

Caberia perscrutar o desejo jurídico, estudá-lo a fundo e, se for o caso, chegar a uma conclusão, sem inverter esse processo e, *a priori*, embalado pela justa disposição de ajudar a quem precisa, não partir de uma conclusão e fundamentá-la *a posteriori*.

No processo ora enfocado, com certeza o juiz sentiu pena do aposentado litigante, equiparou-o àquele que recebe o benefício da invalidez e, então, foi buscar os fundamentos para sustentar a sua tese, inverteu o processo aqui propugnado.

Se a organização da previdência social não é ideal e for muito carente nesse sentido devido a enorme mobilidade social, grandes necessidades e falta de recursos, acionado pelo Poder Executivo ou pela população de interessados, cabe ao Poder Legislativo estabelecer as regras a serem cumpridas.

Em princípio, não seria esse o papel do Poder Judiciário.

A aposentadoria por idade (depende de carência de 15 anos e de tempo de serviço para fixação da renda mensal inicial) é um benefício da pessoa apta para o trabalho, ainda que não tenha retornado ao serviço.

Por seu turno, a aposentadoria por invalidez é outra prestação, ela depende de carência de 12 meses (e até sem esse tempo mínimo de contribuições, no caso de acidente do trabalho) e do estado de saúde do segurado.

Nos termos do art. 45 do PBPS, o aposentado por invalidez que necessitar da ajuda permanente de terceiros faz jus a um acréscimo de 25% no valor de sua aposentadoria.

Tal montante é somado a renda mensal e sem observância do teto de R$ 4.663,75 (!), o que constitui uma exceção. Quer dizer, em casos excepcionais, o teto será de R$ 5.829,68.

Em princípio, por falta de previsão legal, os titulares da aposentadoria por idade, do professor, especial ou tempo de contribuição, não teria direito a esse *plus*.

Um percipiente de aposentadoria por idade cumprindo os requisitos do art. 45 do PBPS, padecendo de invalidez, isto é, necessitando da ajuda de parentes, recorreu à Justiça Federal do Rio Grande do Sul solicitando os mencionados 25%.

Tal pedido é possivelmente um dos primeiros a ser divulgado e terá grande repercussão na medida em que tais aposentados pessoas idosas, algumas com idade bem avançada e, por conseguinte, podendo estar acamados.

O INSS indeferiu a pretensão e sob Recurso de Apelação, os autos bateram às portas do TRF (AC n. 0017373-51.2012.404.999/RS, da 5ª Turma do TRF da 4ª Região).

Nesse TRF, em 27.8.13 o desembargador Rogério Favreto entendeu que a pretensão do aposentado é cabível e que a ele, magistrado, caberia o papel de integrador da norma conforme o relevante interesse social enfocado.

Mesmo sabendo-se que é tênue a linha que separa os quatro domínios (aplicação, integração, interpretação e disciplina), a solução adotada pelo TRF-4 representa criação de direito e esse não é o papel do Poder Judiciário.

Neste caso, de nada serviria invocar-se a isonomia, similitude ou analogia (institutos técnicos ainda muito obscuros no Direito Previdenciário), pois essas modalidades de exegese da norma jurídica previdenciária não se aplicam à espécie.

O INSS possivelmente buscará o STJ, por discordar tecnicamente ou por saber que são muitíssimos os casos de idosos que seriam beneficiados por esse entendimento. Deve-se aguardar essa decisão, que certamente abrirá um extraordinário precedente como tantos outros. Abrindo ou fechando as portas para esse desiderato.

Em razão da invalidez, esses 25% se impõem, mas por razões diversas do acórdão.

Na medida em que a lei silencia a respeito, o segurado deverá requerer a transformação da aposentadoria em aposentadoria por invalidez, submeter-se à perícia médica do INSS e, depois, obter os indigitados 25%.

Note-se que se ele teve direito à aposentadoria por idade, cumprida a carência própria desse benefício, com certeza atende esse requisito da aposentadoria por invalidez.

Dada a generalidade do sustentado, igual raciocínio vale para a aposentadoria do professor, especial e por tempo de contribuição.

A 1ª Turma do STJ reconheceu o direito aos 25% quando o segurado recebia o auxílio-doença numa situação particularíssima. O segurado teria requerido esse benefício quando desejava a aposentadoria por invalidez e não soube explicitar a sua pretensão. O relator Ministro Sergio Kukina entendeu que deveria ser deferida a mesma prestação, a aposentadoria por invalidez, e com ela os 25% (Informação da Lex Magister).

Capítulo 28 — Auxílio-Acidente

O auxílio-acidente é devido ao doméstico após a consolidação das lesões decorrentes de acidente do trabalho, presente uma sequela (incapacidade parcial e permanente), conforme impliquem:

I – redução da capacidade para o trabalho habitualmente praticado;

II – redução da capacidade para o trabalho habitual exercido que exija maior esforço para o desempenho da mesma atividade da época do acidente; ou

III – impossibilidade desse desempenho da atividade envidada à época do acidente, permitido o desempenho de outra, após a reabilitação profissional, nos casos indicados pela perícia médica do INSS.

Corresponde a 50% do salário de benefício do auxílio-doença do segurado e mantido até a véspera do início de qualquer aposentadoria ou até a data do óbito do segurado.

Ele começa a contar no dia seguinte ao da cessação do auxílio-doença, independentemente de qualquer remuneração ou rendimento auferido pelo acidentado, vedada sua acumulação com qualquer aposentadoria.

A perda da audição em qualquer grau, somente proporciona a concessão do auxílio-acidente, além do reconhecimento do nexo e causa entre o trabalho e a doença, quando resultar, comprovadamente, na redução ou perda da capacidade para o trabalho que o segurado habitualmente exercia.

Caso sobrevenha reabertura de auxílio-doença por acidente de trabalho de qualquer natureza que tenha dado origem a auxílio-acidente, este será suspenso até a cessação do auxílio-doença reaberto, quando será reativado.

Não cabe a concessão de auxílio-acidente para o doméstico desempregado, podendo ser deferido auxílio-doença previdenciário, atendidas as condições inerentes à espécie.

Será devido oriundo de acidente de qualquer natureza ocorrido durante o período de manutenção da qualidade de segurado, se presentes as condições legais.

A LDD alterou a redação do art. 18 do PBPS determinando que:

"Somente poderá beneficiar-se do auxílio-acidente os segurados incluídos nos incisos I, II, VI e VII do art. 11 desta Lei." (PBPS, art. 18, § 1º)

Vale recordar que no cálculo do valor mensal do benefício, inclusive o decorrente de acidente do trabalho, serão computados:

"I – *omissis;*

II – para o segurado empregado, *inclusive o doméstico*, o trabalhador avulso e o segurado especial, o valor mensal do auxílio-acidente, considerado como salário de contribuição para fins de concessão de qualquer aposentadoria, nos termos do art. 31." (grifos nossos)

Capítulo 29 — Aposentadoria por Idade

A aposentadoria por idade é tradicional benefício da previdência social, criada praticamente ao tempo de sua implantação.

Prestação universal, dos trabalhadores urbanos ou rurais, servidores públicos sob critérios distintos, cria problemas de interpretação em relação ao rurícola e urbano (justificando o *in medio virtu est*, isto é, concessão cinco anos antes da parte rural e cinco anos depois da urbana, se o trabalhador, simultaneamente, pertencer aos dois domínios). Então chamada de mista ou híbrida.

Substituidora dos salários, de pagamento continuado, definitivo e não reeditável é devida a segurado com a idade mínima determinada na lei.

O pressuposto técnico da prestação é a idade avançada do obreiro, promovida distinção real entre segurado urbano e rural, bem como entre homem e mulher.

A trabalhadora rural a desfruta aos 55 anos e o trabalhador rural, aos 60 anos. Na cidade, há acréscimo de cinco anos, a mulher obterá aos 60 anos e o homem, aos 65 anos. Se for uma pessoa com deficiência, menos cinco anos ainda.

A data do início do benefício conhece regras muito simples, estendidas, por remissão, à aposentadoria por tempo de contribuição e especial.

Na ausência de rompimento é fixada na data da solicitação, se o segurado não pedir demissão, quando não exigido esse requisito.

Após esses 90 dias, ainda nessa hipótese de desfazimento do vínculo empregatício, requerida a prestação após os 90 dias, da mesma forma contados, o começo se dá na DER.

Solicitado o benefício a destempo, isto é, muitos anos após, ele principia quando da solicitação (DER), devendo a renda mensal inicial ser atualizada, como se mantido tivesse sido o benefício, até a DIB.

A RMI corresponde a 70% do salário de benefício mais 1% por ano de filiação à previdência social, observados o patamar mínimo e máximo, vale dizer R$ 788,00 e R$ 4.663,75 em 2015.

Se for de seu interesse o requerente poderá optar pela aplicação do fator previdenciário.

Normalmente, é concedido a quem estava trabalhando, mas pode provir de auxílio-doença ou aposentadoria por invalidez, por via de transformação, quando atendido o período de carência próprio.

A atual legislação não impede a volta ao trabalho, fato injustificável por parte do legislador, principalmente em se tratando de segurado com a aposentadoria básica complementada pela particular.

Os documentos exigidos são: requerimento, últimos salário de contribuição no PBC, prova de filiação durante o período de carência (CTPS e outro documentos), consulta ao CNIS, certidão de nascimento ou de casamento e endereço.

Capítulo 30 — Aposentadoria Compulsória

Quando a segurada completar 65 anos e o segurado chegar a 70 anos de idade em atividade, uma empresa pode requerer o benefício *sponte propria* se eles preencherem os requisitos legais (*in casu*, qualidade de segurado e período de carência).

Possivelmente a ser revisto algum dia, tratando do empregado regido pela CLT, diz o art. 51 do PBPS:

> "A aposentadoria por idade pode ser requerida pela empresa, desde que o segurado empregado tenha cumprido o período de carência e completado 70 (setenta) anos de idade, se do sexo masculino, ou 65 (sessenta e cinco), se do sexo feminino, sendo compulsória, caso em que será garantida ao empregado a indenização prevista na legislação trabalhista, considerada como data da rescisão do contrato de trabalho a imediatamente anterior à do início da aposentadoria."

Agora, com a LDD será preciso considerar a validade desse preceito em relação ao doméstico, dada as condições especiais em que se estabelece a relação entre o trabalhador e a família para a qual presta serviços. Parece evidente a sua aplicação, mas na prática isso será resolvido de comum acordo já que o trabalho doméstico é muito desgastante.

A decisão de requerer o benefício previdenciário, a despeito de ele situar-se no campo da norma pública, é do titular do direito. Originária diretamente da prerrogativa de trabalhar, pretensão assegurada constitucionalmente, a regra é afetada pela possibilidade de o empregador poder solicitar a aposentadoria por idade, então dita compulsória.

O preceito legal pressupõe o fato de, a partir de certa idade, o obreiro não apresentar as condições de trabalho anteriores. Nivelada em 70 anos para os homens e, 65 anos de idade, para as mulheres, é um patamar alto para País cuja expectativa de vida é de 74 anos.

Na atual legislação não há impedimento para a volta ao trabalho, justificando o assunto reconsideração por parte do legislador, principalmente em se tratando de segurado com a aposentadoria básica complementada pela particular.

Respeitado o limite, pode ser acumulado com o auxílio-acidente.

Os documentos exigidos são: requerimento, últimos salários de contribuição do PBC, prova de filiação durante o período de carência (CTPS e outros), CNIS, certidão de nascimento ou de casamento, e de endereço.

Capítulo 31 — Aposentadoria Especial

Em tese todos os segurados da previdência social têm direito à aposentadoria especial. Em razão do mister e ambiente de labor, até mesmo o doméstico. Mas, esse fato dificilmente sucederá.

Pela essência do tipo de benefício, um direito excepcional, qualquer rol dos destinatários será exemplificativo.

A aposentadoria especial é direito subjetivo de quem preenche os requisitos legais dos arts. 57/58 do PBPS. Uma espécie do gênero aposentadoria por tempo de contribuição, como são as do professor e do anistiado. Bastando a exposição ao risco, o seu sinistro distancia-se da aposentadoria por invalidez.

Com caráter definitivo, imprescritível, benefício substituidor dos salários, não reeditável, alimentar em algumas circunstâncias, de pagamento continuado, veda o retorno ao trabalho em serviço tido como especial, máxime insalubre.

Desde 29.4.95, a renda mensal inicial foi uniformizada em 100% do salário de benefício.

A DIB segue a regra da aposentadoria por idade.

Só o doméstico pode requerê-la e, destarte, ele assume o ônus da prova das condições exigidas. Como é praticamente direito de segurado sujeito a desconto, não tem de demonstrar ter havido o recolhimento das contribuições.

Ele deve informar os seus dados cadastrais, como: 1) nome; 2) idade; 3) período de trabalho; 4) função; 5) remuneração; 6) jornada de trabalho; 7) endereço; 8) local de trabalho etc.

A exemplo da aposentadoria por tempo de contribuição o doméstico precisa provar o tempo de serviço, dispensado de promover o cálculo da conversão de tempo especial em comum.

Na raríssima hipótese de haver direito deverá apresentar o PPP fornecido pelo empregador e exibir o LTCAT.

São três os requisitos legais para a obtenção do benefício: a) qualidade de segurado; b) período de carência de 15 anos; e c) evento determinante: exposição ao agente nocivo insalubre residencial.

O segurado está obrigado a comprovar: 1) o tempo de filiação; e 2) o período de trabalho sob condições de ameaça à saúde e integridade física.

Para a caracterização do direito não imprescindível de o segurado estar exercendo atividade especial durante o período de carência ou período básico de cálculo. Nem será preciso recorrer ao direito adquirido, isto é, ter completado os requisitos desse benefício e depois passado a operar em atividade comum.

O exercente de atividade especial não está impedido de utilizar-se da Justificação Administrativa prevista no art. 108 do PBPS, mas terá de carrear comprovantes convincentes do exercício particular. Simples foto, holerites, recibos de pagamento, até mesmo as folhas de pagamento (prova plena para outros benefícios) não serão suficientes.

As mesmas observações anteriores valem para a justificação judicial e mesmo esta ficará a critério do INSS avaliar, salvo se contida em pedido de benefício deferido pela sentença.

Declarações feitas não oportunamente, em relação a ambientes de trabalho não mais existentes ou desfigurados pela ação do tempo ou modificações do cenário, propiciam dificuldades, salvo se possuírem as características básicas do PPP e LTCAT.

A não ser em conjunto com outras provas, reforçando-as, declarações de sindicatos têm pouco poder de convencimento.

A Lei n. 9.032/95 fez alusão à prova da exposição aos agentes nocivos, mas somente a MP n. 1.523/96 explicitou a exigibilidade da perícia. Logo, a não ser nos casos de ruído, só pode ser exigido a partir de 14.10.96.

A lei não esclarece se o laudo pode ser coletivo ou individual e a Lei n. 9.528/97 induz no sentido da coletividade, mas a ideia contraria a filosofia de ser o benefício direito individual.

O laudo técnico deve ser emitido pelo Médico do Trabalho ou Engenheiro de Segurança.

Seu conteúdo mínimo exige: 1) dados da família; 2) descrição do ambiente de trabalho; 3) pormenorização das condições residenciais; 4) presença dos agentes nocivos, com sua identificação, nível de concentração, intensidade, tempo de exposição; 5) utilização de equipamentos de proteção; 6) instrumentos utilizados na verificação; 7) nome dos acompanhantes; 8) dia e hora da realização da perícia; 9) condições ambientais gerais; 10) conclusão do perito; e 11) data e assinatura.

Capítulo 32 — Tempo de Contribuição

A prestação mais polêmica da legislação previdenciária e a mais desejada pelos brasileiros é a aposentadoria por tempo de contribuição.

Originária do serviço público, denominada como ordinária na Lei Eloy Marcondes de Miranda Chaves (Decreto Legislativo n. 4.682/23), provocou discussões e dissenções no ambiente político, científico e técnico nos anos 1992/2015, estando possivelmente condenada ao desaparecimento em razão de suas distorções (*v.g.*, falta de fonte específica de recursos, ausência de limite etário pessoal, frequente volta do trabalho, dúvida sobre a existência do risco, acumulação com outros benefícios, adoção de regime de repartição simples etc.).

Enseja respeitável crítica de abalizados estudiosos, mas vai-se mantendo enquanto não criado um seguro-desemprego compatível.

Trata-se de benefício substituidor do salário, de pagamento continuado, definitivo e não reeditável, na modalidade integral devido aos segurados, mulher com 30 anos e homem com 35 anos de contribuição.

O tempo de serviço compreende o tempo de filiação, entre outros, de contribuições (inclusive como facultativo), serviço militar, fruição de benefícios por incapacidade e o decorrente de conversão ou contagem recíproca. Considerados os períodos de serviço público e rural e, principalmente, da iniciativa privada. Até mesmo de menor aprendiz, se remunerada a atividade ou presente o contrato de emprego. Acolhido o anterior à filiação obrigatória, mediante pagamento de contribuições correspondentes hodiernas.

Deferida a proporcional, com qualquer percentual, se o segurado continua a trabalhar, na mesma empresa ou em outra, em princípio não faz jus à integral, ao completar o tempo, em face de a primeira concessão ser tida pelo órgão gestor como definitiva.

A época usual para solicitação é após o preenchimento dos requisitos legais, mas se o titular não o faz nesse momento pode requerê-la quando desejar, respeitado o direito adquirido e observada a prescrição de mensalidades anteriores à DER.

A aposentadoria por tempo de serviço, benefício tradicional do Direito Previdenciário, é referida duas vezes no texto constitucional de 1988. Nos arts. 40, III, *a/c* e 201, reportando-se ao servidor e ao trabalhador da iniciativa privada. Com a EC n. 20/98 integrou-se definitivamente no texto constitucional (art. 201), convindo consultar os diversos artigos da própria emenda.

Benefício por tempo de contribuição, assume caráter distributivo e forma de poupança coletiva em favor do indivíduo. Caracteristicamente salário diferido, resulta de poupança somada pelo segurado durante os anos de trabalho, em termos sociais, por isso se recomendando, venha a apoiar-se no regime de capitalização.

Quanto ao percentual, é proporcional ou integral. A contingência protegida pelo benefício é o tempo de contribuição. Por esse motivo, sendo comum a poucos países no mundo alega-se alhures não haver risco a proteger. A questão é meramente convencional.

Combinada com limite de idade e fonte de custeio apropriada, a prestação atende à necessidade de alguns países, caso do Brasil. O risco protegido é o trabalho desenvolvido durante longos anos, a falta de emprego para a meia-idade e a própria idade avançada do trabalhador, estando ele, nos casos mais comuns, próximo da aposentadoria por idade.

O benefício segue as mesmas regras da aposentadoria especial e por idade.

Na ausência de rompimento do vínculo empregatício fixada na data da solicitação (DER), se o trabalhador não pedir demissão, quando não exigido esse requisito.

Dentro de 90 dias se o segurado, por qualquer motivo, se desliga da pessoa ou família e solicita o benefício até 90 dias contados da rescisão, a DIB é o primeiro dia subsequente ao término do contrato de trabalho.

Após 90 dias ainda nesta hipótese de desfazimento do vínculo empregatício, requerida a prestação após os 90 dias, da mesma forma contados, o começo se dá na DER.

Solicitado o benefício a destempo, isto é, muitos anos após, ele principia quando da solicitação (DER), devendo a renda inicial ser atualizada, como se mantido tivesse sido o benefício, até a DIB.

O valor mínimo é o salário mínimo e, o máximo, o limite do salário de contribuição.

A renda inicial é de 70% do salário de benefício, mais 5% por ano de filiação além dos 25 para as mulheres e 30 anos para os homens, até um máximo de 100%.

Com a EC n. 20/98, na fase de transição, no caso da proporcional, foi fixado limite de idade de 48 anos para as mulheres e 53 anos para os homens. Como regra permanente, não mais existindo a proporcional em relação aos filiados após 15.12.98, fixado em 55 anos para as mulheres e 60 anos para os homens e para os servidores.

Sem qualquer limite para a integral, com a Lei n. 9.876/99 e o fator previdenciário, de fato foi instituído algo assemelhado, pois se o segurado a requer prematuramente o *quantum* é diminuído.

Por sua natureza o benefício não obsta a volta ao trabalho, podendo ser discutida quando do cômputo de tempo especial convertido em comum.

O INSS exige o requerimento, prova dos últimos 80 maiores salários de contribuição desde julho de 1994 e sua explicitação, comprovação do tempo de serviço e prova de endereço. Em certos momentos históricos, o afastamento do trabalho.

A Presidência da República vetou os §§ 11/13 do art. 29 do PBPS, que havia sido aprovado pelo CN, em que se dispôs sobre o fator 85/95 (§ 11, I) dispensa do fator previdenciário para a pessoa com deficiência (§ 11, II), direito a cálculo do benefício com base na expectativa de vida (§ 12) e redução em 5 anos para os professores (§ 13).

Em seguida, com a Medida Provisória n. 676, de 17.6.15 (DOU de 18.6.15) criou um art. 29-C ao PBPS adotando a Fórmula 95 a partir de sua vigência para quem não quiser se sujeitar ao fator previdenciário.

Capítulo 33 — Abono Anual

Com a particularidade de ser o único benefício deferido automaticamente, portanto, dispensando requerimento do interessado, o abono anual registra o fato de que o seu direito depende da existência de outra prestação de pagamento continuado. Observa, rigorosamente, a regra interpretativa de o acessório seguir o principal.

Pago em dezembro de cada ano, na verdade representa dupla mensalidade no fim de ano, logo após o recebimento do mês de novembro. Prestação simples, não guarda grandes dificuldades de concessão e manutenção, a ser entendida como benefício individualizado e, de certa forma, abstraindo o RGPS adotar o regime de repartição, possuir fonte de custeio própria (décimo terceiro salário).

Muitos se esquecem disso, mas historicamente ele se presta para custear as comemorações do nascimento de Jesus Cristo.

Criado pela Lei n. 4.281/63, o abono anual tem como fontes formais o art. 40 do PBPS e o art. 201, § 6º, da CF, no qual se diz:

> "A gratificação natalina dos aposentados e pensionistas terá por base o valor dos proventos do mês de dezembro de cada ano."

Obviamente ele não é gratificação nem toma por base "os proventos", importância paga a servidor aposentado. A precária redação deve-se a sua origem, o décimo terceiro salário (Lei n. 4.090/62).

Abono anual é benefício acessório, substituidor do décimo terceiro salário, de pagamento anualmente continuado, provisório ou definitivo, reeditável ou não (nas hipóteses de auxílio-doença e aposentadoria por invalidez provisórios).

Direito de certos beneficiários definidos na lei, cujo rol não pode ser ampliado por via interpretativa.

Benefício periódico, de pagamento continuado, substituidor de ingressos, definitivo se o benefício pressuposto for permanente, não obsta a volta ao trabalho, salvo nas circunstâncias do percipiente de auxílio-doença ou de aposentadoria por invalidez, quando a vedação é determinada por estes. Independente de período de carência.

Insitamente sem carência, dos segurados e dependentes, é igual à mensalidade auferida no mês de dezembro de cada ano, podendo ser proporcional em relação a quem recebeu o benefício principal não integral durante o ano.

Corresponde a 1/12 do valor do mês de dezembro. Consequentemente, pode ser inferior ao salário mínimo e o máximo de 100% do benefício gerador. Na definição, segue as regras do décimo terceiro salário.

O fato deflagrador do benefício é a fruição de certa prestação de pagamento continuado no exercício, por parte de segurado ou beneficiário.

Titulares são o segurado e o pensionista, percipientes de auxílio-doença ou aposentadorias, pensão por morte ou auxílio-reclusão e, no caso de acidente do trabalho, qualquer prestação acidentária continuada ou auxílio-acidente.

Não tem direito quem esteja recebendo o amparo assistencial da Lei n. 8.742/93, a pensão Hemodiálise de Caruaru da Lei n. 9.422/94, bem como a pensão Síndrome da Talidomida, três prestações assistenciárias e o antigo abono de permanência em serviço.

Percipiente de benefício num determinado exercício, no mês de dezembro desse mesmo ano começará a ser pago. Se a prestação pressuposta cessa antes do fim de ano, ele é pago mediatamente.

Ele deve ser pago pelo INSS, até o dia 20 do mês de dezembro de cada ano e quando da alta médica no auxílio-doença ou aposentadoria por invalidez.

Acumulável com o benefício gerador e praticamente com qualquer outro, especialmente com o seguro-desemprego.

Prestação acessória, não precisa ser requerida, sendo concedida automaticamente.

Capítulo 34 — Salário-Maternidade

Até o advento da Lei n. 6.136/74 a licença à maternidade era um dever nitidamente laboral. Com essa norma, a responsabilidade pelo desembolso foi social e juridicamente atribuída à previdência social. Considerada a maternidade como contingência protegível, esse instituto trabalhista transformou-se em benefício previdenciário, embora a razão da transferência do ônus pecuniário tenha sido evitar discriminação contra as mulheres.

Prestação submetida à cogência de norma pública é desrespeitada, particularmente no tocante ao período de fruição. A doméstica prefere deixar para se afastar do trabalho às portas da *délivrance* e desfrutar de todos os 120 dias em casa, dando maior atenção ao bebê (ensinando o legislador). Enquanto a lei não for alterada a respeito dos 28 dias, o empregador doméstico corre os riscos inerentes ao acidente de trabalho.

Por sua natureza imprevisível independe de período de carência.

A proteção à maternidade comparece no art. 7º, XVIII, da CF, e está contemplada nos arts. 93 a 103 do RPS. O direito da doméstica e da segurada especial foi preceituado, aliás, restritivamente, na Lei n. 8.861/94. Em seus arts. 391 a 400, a CLT cuida da proteção à maternidade.

O benefício é devido em razão da gravidez em estado adiantado, do nascimento com ou sem vida e do período de aleitamento do nascido. Pode ser concedido na hipótese de parto antecipado e, se vítima de aborto, não criminoso, a segurada tem direito à prestação durante duas semanas. Mesmo antes de seis meses, se sobrevém nascimento com vida, não importando o falecimento logo após, ela se impõe.

A lei não garante o salário-maternidade no caso de aborto criminoso, mas se a segurada ficar incapaz para o trabalho fará jus ao auxílio-doença. Uma disposição vedativa inócua, anacrônica e irreal.

Foi estendido à segurada guardiã ou que adotar criança até 8 anos de idade.

Só tinha direito a servidora sem regime próprio de previdência social e a empregada regida pela CLT ou pela Lei n. 5.889/73 (NPTR), a temporária, a avulsa, a doméstica e a segurada especial. Com a Lei n. 9.876/99 a empresária, autônoma, eventual, garimpeira ou facultativa passaram a fazer jus ao benefício.

A aposentada grávida tem direito e, nesse caso, o patrão doméstico empresa assumirá todo o ônus, sem poder deduzir o valor no Simples Doméstico.

O salário-maternidade é prestação trabalhista cometida à previdência social, espécie de licença médica remunerada em razão da incapacidade para o trabalho decorrente da gravidez, do parto e aleitamento.

Benefício de pagamento continuado, de curta e predeterminada duração, substituidor dos salários, reeditável, impede o trabalho.

Materialmente, quem desembolsa o salário correspondente é o dador de serviços (empregador doméstico), mas, juridicamente, o cumprimento da obrigação é ônus do INSS. Para essa pessoa, o ato da quitação acontece no ambiente do trabalho, mediante posterior dedução no recolhimento mensal. Para a doméstica, o devedor material e jurídico é a autarquia.

Na hipótese de o dador de serviços romper o vínculo jurídico com a gestante, deverá, a partir de então, arcar com a obrigação.

Com a Lei n. 9.876/99, esse procedimento passou a ser exceção, a maioria das seguradas recebia o benefício nos postos do INSS, representando enorme retrocesso.

No caso da doméstica, o valor será o anotado na CTPS, menos o desconto previdenciário, observado o limite do salário de contribuição.

O PCSS e o PBPS propiciam norma conflitante. O primeiro impõe contribuição em relação ao pagamento do salário-maternidade e o segundo garante não ser possível benefício inferior ao salário mínimo.

Por conseguinte, prevalecendo essa ideia maior, quando a gestante aufere o salário mínimo como remuneração não poderia sofrer desconto. *In casu*, o empregador deverá acrescer 8%, caso contrário assumirá o ônus do INSS.

Quando dedutível no Simples Doméstico, para não sobrevir reincidência de contribuição, o empregador deve descontar 100% da remuneração. Se o salário-maternidade é superior ao subtotal, comparecerá no INSS para receber a diferença.

A licença à maternidade perdura por 120 dias, devendo ser 28 antes e 91 após o parto. Quem determina esses dois lapsos de tempo é o médico examinador.

O profissional da medicina poderá ampliar a licença, antes e após o período, por duas semanas. Nesse caso, será necessário novo atestado.

À exceção do auxílio-acidente, por sua natureza eminentemente substituidora dos salários, ela não pode ser acumulada com qualquer outro benefício previdenciário.

Verdadeira substituição dos salários, segurada prestando serviços em dois ou mais empregos, receberá a soma das diferentes remunerações.

Por ocasião do início dos 120 dias, se estiver auferindo auxílio-doença, este último benefício é suspenso, retomando-se os seus pagamentos, presente a incapacidade, após o final do prazo anterior.

O empregador deve deduzir o total no mês próprio da licença. Se não o fizer, dentro do prazo de cinco anos, terá de solicitar restituição de contribuições.

Conseguindo ofender o princípio da igualdade, a Lei n. 8.861/94 estabelecia 90 dias para a doméstica receber o benefício no INSS.

Os documentos necessários à concessão do benefício são: atestado médico fornecido pelo SUS, entregue à empresa. Para a doméstica, além do atestado médico: I) requerimento; II) prova de trabalho (CTPS); III) carnê de recolhimento; e IV) prova de endereço.

Capítulo 35 — Salário-Maternidade da Desempregada

Quando a Lei n. 9.876/99 implantou o direito ao salário-maternidade das contribuintes individuais diferentemente das demais seguradas, ela exigiu uma contribuição mínima de 10 mensalidades (um período de carência). Uma construção legal possivelmente contrária à igualdade dos protegidos.

Uma segurada do INSS desempregada, antes dos 28 dias anteriores ao parto, contribuinte do RGPS na condição de facultativa, tem direito ao salário-maternidade assegurado, ainda que nessa última condição não tivesse completado o período de carência de 10 contribuições mensais exigidas pela lei previdenciária (PBPS, art. 25, III).

O salário-maternidade é um benefício de pagamento continuado, de curta duração, de regra mantido por 120 dias (prorrogado por mais 14 dias antes e depois do parto), devido às domésticas gestantes, no valor da sua remuneração (ultrapassando, portanto, se for o caso, os R$ 4.663,75).

Pode ser uma mulher jamais filiada à previdência social e que ingressou no sistema, podendo fazê-lo desde os 16 anos de idade.

Na hipótese agora configurada, a mulher era segurada obrigatória, iria perder a qualidade de segurada a frente (PBPS, art. 15), mas passou a contribuir como facultativa.

Não tinha os 10 meses de contribuições da carência, mas somado o novo período de aportes com o anterior, atendeu o requisito da carência e, assim, fez jus ao salário--maternidade.

Tido como sendo total de 10 meses quando podia ser proporcional em razão da cotização pretérita.

A tese considera é que as contribuições obrigatórias anteriores ao desemprego possam ser somadas às contribuições facultativas posteriores.

Exatamente isso foi o que decidiu a 2ª Turma do TRF da 1ª Região, no Processo n. 0002471-51.2006.4.01.3803, relatado pelo juiz federal Renato Martins Prates (*in* Boletim do IBDP n. 270, de 21/10/13).

Decisão que, com certeza, se o INSS recorrer dependerá do julgamento do STJ.

O Tribunal entendeu que podem ser adicionadas as contribuições obrigatórias e facultativas para os fins do período de carência do salário-maternidade (como claramente vale para quaisquer outros benefícios).

Pena que o acórdão não mencione o valor da prestação, especialmente se a segurada antes de se tornar facultativa ganhasse remuneração superior ao teto da previdência social (R$ 4.663,75).

De todo modo julga-se que no caso, o valor será cifrado a partir da base de cálculo da sua contribuição mensal.

Capítulo 36 — Direito da Mãe Genética

Com a generalização da reprodução assistida na modalidade de inseminação artificial, em que algumas mulheres se predispõem a engravidar filhos engendrados por casais estéreis, sem grande participação genética na concepção, propõem-se algumas questões relativas ao salário-maternidade quando uma delas (a mãe genética e a mãe substituta) ou ambas sejam seguradas do RGPS.

A procriação artificial vem despertando várias controvérsias no direito de família. Efetivamente, quem é a mãe do recém-nascido? Os autores afirmam não mais haver o *mater semper certa est*. Aparentemente, agora somente se sabe quem é o homem que forneceu os espermatozoides.

Dependendo do conceito que se tenha de progenitora, do ponto de vista da concepção da vida, se entenderá que serão duas. A mãe genética é um pouco mais do que a mãe gestante. Afinal, a maternidade envolve outros aspectos além do processo biológico da reprodução, desde a gestação até o parto.

A mulher que adote um bebê logo após o nascimento e dele cuide por toda a vida, ainda que sem laços sanguíneos com a criança, e que juridicamente seja considerada adotante, pode ser tida moralmente como a mãe pessoal, familiar ou social.

Em uma união homoafetiva, constituída de duas mulheres ou de dois homens, é possível que essa família deseje ter filhos mediante a reprodução inseminatória, contando com os óvulos e os espermatozoides dos conviventes próprios ou de terceiros.

Já na união heterossexual, referindo-se ao art. 1.596, V, do Código Civil, lembra *Ravênia Márcia de Oliveira Leite* que se o marido concorda com a inseminação artificial da esposa, ele é tido como o pai da criança, sem ter tido participação genética na concepção (*Inseminação artificial suscita dúvidas*, artigo disponível na *Internet*).

O direito foi estendido à mulher empresária, autônoma, doméstica, segurada especial e facultativa (Lei n. 9.876/99). Por último, à mãe adotante e à mãe guardiã (Lei n. 10.421/02).

Como sói acontecer, por ocasião do desenvolvimento de um novo instituto técnico jurídico, com as inúmeras manifestações doutrinárias que enriquecem o debate, sobrevêm problemas linguísticos. Ainda sem se saber com precisão filosófica quem é a mãe da criança nascida desse vínculo convencional entre as duas mulheres, constata-se a presença de várias locuções para indicar os polos da relação humana.

Uma mulher que fornece o óvulo, juntamente com os espermatozoides do homem, tem sido conhecida como mãe doadora, emissora, biológica, genética e, até, de adotante. A mulher que promove a procriação é chamada de receptora, doadora, fecundadora, procriadora e, especialmente, de substituta.

Aparentemente, vai se consagrando o uso de mãe substituta e mãe genética.

Por força da Lei n. 10.421/02, o benefício previdenciário foi deferido à segurada do RGPS que adote ou obtenha a guarda judicial de certa criança. Nesse caso, o direito da adotante ou guardiã não se confunde com o direito da mãe biológica, que, ao seu tempo, fez jus ao benefício, se era segurada.

Resta evidente que, nesse caso, o legislador prestigia a proteção às crianças, à adoção e à guarda, e não necessariamente a gestação em si mesma, pois a adotante e a guardiã não engravidaram nem ficaram impedidas de trabalhar. Se a criança adotada for recém-nascida, fará jus ao maior tempo possível dos 120 dias (Decreto n. 4.729/03).

A Lei n. 12.873/13 alterou o art. 71 do PBPS, introduzindo novidades relativas à adoção e à guarda de menores de idade, com referência ao salário-maternidade.

Historicamente a legislação previa esse benefício apenas para a mulher segurada e com a Lei n. 10.710/03 ele foi estendido à mulher adotante ou guardiã.

O fundamento dessa inovação da mencionada Lei n. 12.873/13 é as adotantes ou guardiãs também carecerem de certo tempo para cuidar da criança.

Inicialmente, convém distinguir gestante de adotante ou guardiã. Gestante é a segurada que engravidou, deu a luz e faz jus aos 28 + 92 = 120 dias de licença maternidade prevista na CLT e no PBPS. Ainda não há previsão legal para o salário-paternidade.

Diferentemente da filiação usual, a adoção e a guarda realizam após processos judiciais e um comportamento mediante o qual a pessoa ou a família cuida de um menor de idade, sem que sejam os seus pais, como se seu filho natural fosse.

Guarda judicial significa a posse desse mesmo menor, nos termos do Código Civil.

A prestação prevista nos arts. 71 *usque* 71-C do PBPS se destina às empregadas e empregados, as avulsas e avulsos, aos facultativos e aos contribuintes individuais e segurados especiais (PBPS, art. 73, III).

Não há previsão dessa extensão do conceito para o servidor público. Nos termos do art. 13 se não há regime próprio de previdência social, a filiação se dá no RGPS.

A Lei n. 10.710/03, que introduziu um art. 71-A ao PBPS proclamava:

> "A *segurada* da Previdência Social que adotar ou obtiver guarda judicial para fins de adoção de criança é devido o salário-maternidade pelo período de 120 (cento e vinte) dias, se a criança tiver até 1 (um) ano de idade, 60 (sessenta) dias, se a criança tiver entre um (um) e 4 (quatro) anos de idade , e de 30 (trinta) dias, se a criança tiver de 4 (quatro) a 8 (oito) aos de idade. *Parágrafo único.* O salário-maternidade de que trata este artigo será pago diretamente pela Previdência Social." (grifos nossos)

Note-se que na esteira da versão original do salário-maternidade o legislador presume que somente a segurada tem necessidade do benefício.

O art. 71-A da Lei n. 12.873/13 garante:

> "Ao *segurado* ou segurada da Previdência Social que adotar ou obtiver guarda judicial para fins de adoção de criança é devido salário-maternidade pelo período de 120 (cento e vinte) dias." (grifos nossos)

Da mesma forma, nos termos do § 1º desse dispositivo o benefício será pago pelo INSS. Portanto, até mesmo as empregadas e avulsas que usufruam desse direito terão de requerê-lo na APS.

O legislador fixa-se na unicidade do salário-maternidade. Somente um segurado poderá receber o benefício, ainda que a adoção ou a guarda tenha sido promovida por marido e mulher. Até mesmo no caso dos cônjuges ou companheiros "estejam submetidos a Regime Próprio de Previdência Social".

O art. 71-B traz uma novidade no Direito Previdenciário, outorgando um benefício de uma pessoa para outra. Uma espécie de pensão por morte de curta duração devida ao cônjuge ou companheiro supérstite, ou seja, se o titular do direito falecer antes de complementar os 120 dias o valor correspondente restante será pago ao sobrevivente com qualidade de segurado. Um caso particular é o da mulher que falece por ocasião do parto.

Fixando uma norma penal, esse entendimento não valerá no caso de abandono ou morte do recém-nascido em seguida ao nascimento.

Com efeito, o art. 71-B diz:

> "No caso de falecimento da segurada ou segurado *que fizer jus ao recebimento do salário--maternidade*, o benefício será pago, por todo o período ou pelo tempo restante a que teria direito, ao cônjuge ou companheiro sobrevivente que tenha a qualidade de segurado, exceto no caso do falecimento do filho ou de seu abandono, observadas as normas aplicáveis ao salário-maternidade." (grifos nossos)

Em razão dessa menção ao "que fizer jus", essa percepção por parte de terceiros abrange a adoção e a guarda.

O titular desse direito tem até o último dia do prazo previsto para o término do salário-maternidade originário, vale dizer, no comum dos casos, dos 120 dias (§ 1º).

A Lei n. 12.873/13 define claramente qual é o período de duração do benefício e o seu montante, no caso de falecimento do titular.

O § 2º do art. 71-B garante que:

> "O benefício de que trata o *caput* será pago diretamente pela Previdência Social durante o período entre a data do óbito e o último dia do término do salário--maternidade originário e será calculado conforme" quatro hipóteses, a seguir elencadas.
>
> a) No caso do empregado ou avulso será a remuneração integral (inciso I);
>
> b) para o empregado doméstico, o último salário de contribuição (inciso II);
>
> c) 1/12 da soma dos 12 últimos salários de contribuição, apurados em um período não superior a 15 meses, para o contribuinte individual, facultativo e desempregado (inciso III) e
>
> d) um salário mínimo para o segurado especial (inciso IV).

Por seu turno, o art. 71-C assevera que:

"A percepção do salário-maternidade, inclusive o previsto no art. 71-B, está condicionada ao afastamento do segurado do trabalho ou da atividade desempenhada, sob pena de suspensão do benefício."

Convém recordar que se a segurada, por motivos médicos, pretender continuar trabalhando após o parto sem vida do seu filho, poderá prosseguir no serviço.

Os membros de uma união estável estão incluídos na hipótese da mesma forma como em relação à união homoafetiva.

Embora o título da prestação seja salário-maternidade, não é apenas a maternidade o risco coberto pelo seguro social. A mulher fica grávida por oito meses (entende-se que ela possa laborar até esse penúltimo mês de gestação). Nos últimos 28 dias seguintes, teria enormes dificuldades para continuar trabalhando, daí a licença antes do parto e depois de ele fazer jus a um período de maternidade de 91 dias para poder assistir ao bebê. Aliás, conforme a convenção, podendo-se prorrogar os 120 dias por mais 60 dias (Lei n. 11.770/08).

Note-se que durante duas semanas antes ou duas semanas depois do parto, consoante atestado médico específico, ela poderá ser licenciada e reembolsada pelo benefício (RPS, art. 93, § 3º).

Logo, a contingência protegida é a gravidez seguida da gestação e certo período de aleitamento (92 ou 106 dias).

Olvidando-se a angústia psicológica, a natural ansiedade e o acompanhamento *pari passu*, a mãe genética não tem o primeiro período fisiológico nem assume os ônus do aleitamento posterior ao nascimento (com leite próprio) e, fisicamente, ela não tem de se recuperar como ex-parturiente.

A mãe substituta tem o primeiro período, todos os encargos da gestação, e, após o parto, precisa convalescer, mas sem os deveres de cuidar do recém-nascido.

Esse raciocínio não é apenas cerebrino. O legislador autoriza um descanso de duas semanas para a hipótese de aborto não criminoso (quando não há nascimento e tão somente a gestação). Aliás, foi um equívoco do elaborador da norma, que se esqueceu dos danos causados ao casal que queria esse filho abortado.

Legislador que também merece censura quando trata do aborto criminoso: possivelmente, a mulher sofre psicologicamente muito mais do que a vítima do aborto natural.

Possivelmente, por enfocar uma exceção, curiosamente a norma não prevê as dificuldades enormes que sobrevêm quando de partos múltiplos. Imaginem o trabalho que dá no caso de quíntuplos...

Em nenhum momento, a legislação previdenciária regulou o direito da mulher que se dispõe a engravidar, gestar e dar à luz um bebê de terceiros, situação conhecida como maternidade substitutiva (e, vulgarmente, *barriga de aluguel*).

Nesse caso, a fertilização, isto é, o encontro do óvulo com os espermatozoides do casal fornecedor dos genes, se dá em uma proveta de laboratório e depois é implantado no útero para a reprodução. Daí também se falar em "bebê de proveta".

Em se tratando de uma segurada, ainda que não tenha havido relação sexual propriamente dita, ela fica grávida habitualmente durante os nove meses e dá à luz. Mesmo que não detenha o bebê sob sua guarda em seguida nem vá alimentá-lo com o seu leite, ela precisa se recuperar do parto. Não paira qualquer dúvida de que deve fazer jus ao salário-maternidade nas exatas condições, como se o filho fosse geneticamente seu.

Caso essa mãe substituta não seja segurada da Previdência Social, ela arcará sozinha com todos os esforços da gravidez, como os suportam as demais mulheres não seguradas, sem fazer jus ao benefício, mas, note-se, bastaria a ela contribuir como facultativa pelo período de carência necessário de dez contribuições mensais (PBPS, art. 25, III).

A família da mãe genética fornecerá o óvulo juntamente com o espermatozoide do marido ou companheiro. Na gravidez, será concebido um ser humano tido por todos como seu filho.

Durante os nove meses, ela acompanhará a gestação da mãe gestante, psicologicamente vivenciará certa maternidade virtual à distância. Depois do nascimento, assumirá todos os desvelos de atender às necessidades do recém-nascido em relação a um bebê que é fruto do seu amor. Alegrar-se-á e sofrerá como qualquer mulher fértil.

Rigorosamente, se não precisou da licença trabalhista durante os 28 dias anteriores ao parto, com certeza vai necessitar dos 91 dias subsequentes. Não foi mãe portadora, mas é mãe biológica, naturalmente diferente da mãe adotante ou guardiã. Sem estar grávida, dificilmente convencerá o seu empregador que precisa se afastar 28 dias antes do parto de outra mulher.

Caso não seja uma segurada, as eventuais dúvidas se desfarão; não subsistirá o direito ao benefício, mas, da mesma forma, ela também poderia ter contribuído durante 10 meses.

Na condição de segurada, diante do silêncio normativo, será preciso considerar as diversas situações envolvidas e a *mens legis*. No mínimo, fará jus aos 120 dias posteriores ao parto, na condição de mãe adotante.

Até o advento da Lei n. 10.421/02, talvez não fosse possível serem operados os raciocínios seguintes, mas, depois de sua edição, tem-se que a Previdência Social se verá obrigada a desembolsar dois benefícios em função de um mesmo fato gerador. Se ambas as mulheres (mãe gestante e mãe adotante) são seguradas, as duas farão jus ao salário-maternidade (RPS, art. 93, § 1º).

Do ponto de vista da contrapartida, não haveria obstáculo; ambas são seguradas e para isso contribuíram. A exemplo do que se passa com o salário-família, uma mesma contingência protegida pode gerar mais de um benefício (RPS, art. 82, § 3º). Rigorosamente, a mãe genética adotaria uma criança portadora dos seus genes.

Há muito tempo que o legislador deveria disciplinar essa matéria e também o direito ao salário mínimo da ex-esposa e ex-companheira concorrentes em relação ao segurado que contribuía pelo salário mínimo. Em sendo o RGPS um regime financeiro de repartição simples e atendido o postulado constitucional de assegurar R$ 788,00 às duas pensionistas (homens ou mulheres), sem importar que o segurado (a) as tivesse mantido com esse valor ínfimo.

Juliana de Oliveira Xavier Ribeiro diz que o salário-maternidade é ilegal para as duas e propõe que haja uma divisão entre as mesmas: 60 + 60 = 120 dias ("Os efeitos jurídicos do salário-maternidade na barriga de aluguel", artigo disponível na *internet*).

Toda vez que o Estado cria situações que suscitem a licitude ou impõe uma exigência inadequada, ele tem responsabilidade na ocorrência. É, no mínimo, coautor.

A Resolução n. 1.358/92 do Conselho Federal de Medicina é irreal ao obstar a remuneração da gestação *in vitro* (item 2, inciso VII), pois esse direito patrimonial é amoral e não imoral. Quem o redigiu deveria saber quanto custa abrigar no ventre um filho de terceiros por nove meses, padecer dos incômodos e das dores do parto, e não ficar com a criança que amorosamente embalou tanto tempo.

No mínimo, ela deve ressarcir-se de todas as despesas com os alimentos nutricionais, exames pré-natais e demais custos, entre os quais os medicamentos e as consultas médicas.

É preciso pensar também na ocorrência do aborto, criminoso ou não, que impede o nascimento com vida. Nesse caso, o que muda é apenas o tempo fornecido pela lei previdenciária para a licença à maternidade: passa a ser de duas semanas. Ressalta-se que, então, após a *délivrance*, se os 14 dias não forem suficientes para a recuperação da mulher, ela deverá solicitar um auxílio-doença.

Nessa hipótese, *Edivan Bertin* diz que não caberia o salário-maternidade e sim um auxílio-doença ("O aborto como fato gerador do salário-maternidade", artigo disponível na *Internet* no *site* Juris-Way desde 7.3.07). Aborto é doença; não é parto natural.

Exceto na figura da extensão do período (de duas semanas), o salário-maternidade não é fracionado. Mesmo se a segurada trabalhou até a véspera do parto (como é muito comum e condenável), fará jus aos 120 dias – situação aceita pelas autoridades (a mulher se sacrifica no trabalho para poder ficar com o bebê mais tempo).

Rigorosamente, então, a partir das duas realidades deveria haver uma pequena diminuição do direito da mãe gestante (em relação à inexistência do aleitamento) e, também, uma pequena diminuição do direito da mãe genética (que não estará grávida). Como isso não é possível, sendo ambas seguradas, nos dois casos, mantém-se o direito ao benefício, que, necessariamente, não terá de ser o mesmo *quantum*.

Inexistente norma administrativa que assegure a pretensão às duas mulheres seguradas na legislação, o INSS deverá reconhecer o direito ou não contestá-lo. Caso contrário, terá de se haver com decisões interativas da Justiça Federal até que o entendimento seja sumulado. Como sucedeu com a união homoafetiva, objeto da Ação Civil Pública n. 2000.71.00.09347-0, e outras conquistas dos segurados.

O direito dessas duas mulheres carece de ser regulamentado em melhores condições, especialmente para avultar os direitos trabalhistas inerentes, como é o caso da estabilidade e mais outras conquistas dos trabalhadores.

Capítulo 37 — Licença-Paternidade

O doméstico masculino é beneficiário de uma licença por ocasião do nascimento do seu filho.

A Constituição Federal de 1988, assegura uma ausência remunerada ao serviço por 5 dias, chamada de salário-paternidade, permitindo estar mais próximo do bebê recém-nascido e ajudar a mãe no processo pós-operatório. E também para que possa promover o registro civil da criança.

Tal pretensão, garantida constitucionalmente, não deve ser confundida com os diversos Projetos de Lei que pretendem criar um verdadeiro salário-maternidade para os homens. O que, aliás, já ocorre na Justiça Federal.

Essa licença, um título melhor, é remunerada e por isso o início do período deve começar em um dia útil coincidindo com o nascimento do bebê.

Se o nascimento se deu em um final de semana ou feriado, os 5 dias só começarão a ser contados a partir do primeiro dia útil após seu parto. A licença destina-se em o doméstico faltar ao trabalho sem infringir o contrato de trabalho doméstico.

Caso a criança nasça pouco antes do início das férias do homem e os 5 dias terminem dentro dessas férias a licença-paternidade deve ser requerida para começar no sexto dia de trabalho após estas férias.

Ocorrendo o parto pouco antes do fim das férias e a contagem dos 5 dias de licença terminar após o término delas, é obrigatório aplicar a licença-paternidade para o pai e este deverá voltar das férias somente depois dos 5 dias a que tem direito, começando a contar a partir do nascimento do seu filho que, neste caso, aconteceu durante suas férias.

Como antecipado, no Congresso Nacional existem projetos de lei em trâmite pretendendo uma licença-paternidade de 15 dias para o pai prestar assistência necessária ao filho e à mãe da criança, garantindo também estabilidade de 30 dias após o retorno ao trabalho.

Em caso de doença, abandono ou morte da mãe, o pai também poderá usufruir do restante da licença-maternidade para dar a devida assistência ao filho.

Outro projeto é estabelecer o direito a 120 dias de licença-paternidade ao pai adotante único, ou seja, se o homem solteiro e trabalhador decidir adotar uma criança, este poderá requerer 120 dias de licença-paternidade para cuidar do filho.

A licença-paternidade de 5 dias foi concedida pela Constituição Federal/88 em seu art. 7º, XIX e art. 10, § 1º, do Ato das Disposições Constitucionais Transitórias — ADCT, o que até então era de um dia conforme estabelecia o art. 473, III da CLT.

O direito à licença-paternidade foi incluído no rol de direitos trabalhistas (art. 473, III, da CLT) com o intuito de, considerando o estado de necessidade de repouso da mãe que recentemente deu à luz, possibilitar que o pai pudesse faltar ao trabalho (um dia útil) a fim de fazer o registro civil do filho recém-nascido.

Capítulo 38 — Licença para Adoção

Repete-se. Até o advento da Lei n. 6.136/74, a licença à maternidade era dever nitidamente laboral. Com esta norma, a responsabilidade pelo desembolso foi social e juridicamente atribuída a Previdência Social.

Considerada a maternidade como contingência protegível o instituto trabalhista transformou-se em benefício previdenciário; a razão da transferência do ônus pecuniário teria sido evitar discriminação contra as mulheres.

O salário-maternidade é prestação trabalhista cometida à previdência social, espécie de licença médica remunerada em razão da incapacidade para o trabalho decorrente da gestação, do parto e do aleitamento.

A Lei n. 10.421/02 criou o salário-maternidade da mãe adotante, acrescentando um art. 392-A à CLT. Ali ficaram estabelecidos três períodos de licença conforme a idade da criança adotada.

> "À empregada que adotar ou obtiver guarda judicial para fins de adoção de criança será concedida licença-maternidade nos termos do art. 392, observado o disposto no seu § 5º."

No caso de adoção ou guarda judicial de criança até 1 ano de idade, o período de licença será de 120 dias.

No caso de adoção ou guarda judicial de criança a partir de 1 ano até 4 anos de idade, o período de licença será de 60 dias.

No caso de adoção ou guarda judicial de criança a partir de 4 anos até 8 anos de idade, o período de licença será de 30 dias.

A licença-maternidade só será concedida mediante apresentação do termo judicial de guarda à adotante ou guardiã.

O INSS pagará o benefício nos mesmos moldes do salário-maternidade das mães naturais. Ou seja, o empregador doméstico faz o pagamento dos dias e deduz o valor no Simples Doméstico, atendendo, destarte, o dever trabalhista a ordem previdenciária.

A medida foi muito bem recebida pela população obreira, tanto que em 2008 foram concedidos 1.644 benefícios e no primeiro semestre de 2009 já somavam 877 benefícios em todo o País. Esse estímulo à maternidade entre outros aspectos da desburocratização do processo pode ser responsável pela ampliação da adoção de crianças.

A Lei n. 11.770/08 autorizou a concessão de mais 60 dias além dos 120 dias, totalizando seis meses.

A recente Lei n. 12.010/09 alterou esse cenário, suscitando pequena dúvida interpretativa em matéria fiscal. Pôs fim a distinção com relação a idades das crianças adotadas, equiparando o período de quatro meses a todos os casos, de sorte que a partir 4.11.09, as domésticas que adotarem farão jus a 120 dias de licença remunerada (não importando, repete-se, a idade dos adotados).

E se esqueceu ou não quis revogar o art. 71-A do PBPS.

Desse modo, restaria dúvida sobre a duração da licença à maternidade previdenciária: se acompanha a trabalhista (de 120 dias em todos os casos, sem importar a idade da criança adotada) ou se mantém a distinção dos três períodos da versão original da Lei n. 11.770/08.

Capítulo 39 — Salário-Família

Salário-família, prestação de hipossuficientes, é direito dos segurados de baixa renda, um acréscimo salarial de pouco significado que perdeu expressão como prestação previdenciária em razão do *quantum* mensal.

Só não desapareceu juntamente com o auxílio-funeral e o auxílio-natalidade, por ocasião da Lei n. 8.742/93, por subsistir previsão constitucional.

Parcela da remuneração do doméstico, é aferida em razão do valor vigente e do número, idade e higidez dos filhos.

Desde o advento da Lei n. 7.787/89, não tem fonte de custeio individualizada e nos termos do art. 28, § 9º, *a*, do PCSS também não se constitui em base de cálculo da contribuição previdenciária (até porque benefício).

Embora não integrante do salário de contribuição, por determinação legal e imposição da finalística da previdência social, é conquista social e, portanto, forma remuneratória cuja obrigação de pagar, em razão de recomendação da OIT e *ex vi legis*, foi cometida à Previdência Social.

Benefício trabalhista-previdenciário criado pela Lei n. 4.266/63 e regulamentado pelo Decreto n. 53.153/63, está contemplado no art. 7º, XII, da CF/88, ali definido como direito dos dependentes do trabalhador.

Em seu art. 13 a EC n. 20/98 assim dispôs:

> "Até que a lei discipline o acesso ao salário-família e o auxílio-reclusão para os servidores, segurados e seus dependentes, esses benefícios serão concedidos apenas àqueles que tenham renda bruta mensal igual ou inferior a R$ 360,00 (trezentos e sessenta reais), que, até a publicação da lei, serão corrigidos pelos mesmos índices aplicados aos benefícios do regime geral de previdência social."

Preenchendo os requisitos legais e observados severos aspectos formais, têm direito o doméstico e certos aposentados também fazem jus.

Não pode obtê-lo quem apenas está em gozo de auxílio-acidente ou se receber o amparo assistencial (Lei n. 8.742/93) e a pensão Síndrome da Talidomida. Da mesma forma, inexiste previsão para o doméstico.

Quando o filho menor estiver sob a guarda de outra pessoa, esta tem direito a parcela. Nos casos de separação do casal, o percipiente será o determinado pelo juiz. Acolhido por instituição benemerente, esta a titular percipiente.

Benefício de pagamento continuado, temporário, com duração definida, não substituidor dos salários, não se acresce ao salário do trabalhador para qualquer fim laboral.

O direito é deflagrado pela existência de filho menor de 14 anos ou inválido. São tidos como equiparados aos filhos, os legitimados, enteados, excluídos os menores sob guarda.

Em 2015 o valor era de R$ 752,02, a prestação somava:

a) de R$ 37,18, para segurado com remuneração mensal até R$ 752,02; e

b) de R$ 26,20, para segurado com remuneração mensal superior a R$ 752,02 e até R$ 1.089,72.

O benefício inicia-se, de regra, a partir do início da relação jurídica com o dador de serviços, se o interessado apresentar imediatamente os documentos exigidos.

Caso a relação trabalhista ou previdenciária comece ou termine no meio do mês, é devido o montante integral.

O benefício extingue-se no mês seguinte ao da:

a) morte do filho ou equiparado;

b) após completar 14 anos;

c) recuperar a higidez; e

d) pelo desemprego do segurado.

Se marido ou mulher, companheiro ou companheira forem segurados, ambos fazem jus à prestação, duplicando-se a importância em relação a cada filho.

No caso de dois empregos são faculdades distintas.

Os aposentados rurais, empregados e avulsos jubilados por idade, invalidez ou percipientes de auxílio-doença têm direito.

O onerado com o dever de pagar é o INSS. Quem faz os pagamentos é a empresa, deduzindo o valor no subtotal da GRPS. Se não opera o desconto oportunamente terá de solicitar restituição de contribuições. Caso desconte indevidamente poderá estar cometendo crime previdenciário. Sem prejuízo da diminuição do salário, se o interessado for culpado.

São exigidos: a) certidão de nascimento do filho ou documentação relativa ao equiparado; b) apresentação anual de atestado de vacinação obrigatória do menor; e c) declaração de responsabilidade de obrigação de comunicar qualquer fato modificador do direito.

Por 10 anos, a empresa deve guardar os comprovantes dos pagamentos e as cópias das certidões de nascimento.

Com a LDD, o art. 65 do PBPS passou a preceituar:

"O salário-família será devido, mensalmente, ao segurado empregado, *inclusive o doméstico*, e ao segurado trabalhador avulso, na proporção do respectivo número de filhos ou equiparados nos termos do § 2º do art. 16 desta Lei, observado o disposto no art. 66." (grifos nossos)

Por seu turno, o parágrafo único do art. 67 do PBPS determina:

"O empregador doméstico deve apresentar apenas a certidão de nascimento referida no *caput*."

O legislador simplificou as exigências em se tratando de doméstico. E, por último determinou no art. 68:

> "As cotas do salário-família serão pagas pelo empregador doméstico, mensalmente, junto com o salário, efetivando-se a compensação quando do recolhimento das contribuições, conforme dispuser o regulamento."

Capítulo 40 — Pensão por Morte

Pensão por morte do doméstico é direito de beneficiário, não necessariamente filiado ou contribuinte, dependente do titular do segurado. Surgiu praticamente ao tempo da criação da proteção social.

Admite presunção absoluta de dependência econômica, em favor de certas pessoas sem respaldo na realidade histórica, econômica, sociológica e social. Presunção essa discutida na doutrina.

Carece ser inteiramente revista em seus termos, definição do rol de dependentes e, provavelmente, estribada na mútua dependência. Deveria ser direito de quem não tem como obter os meios necessários para a subsistência, descabendo para o percipiente de outros benefícios ou rendas.

Ela tem como titulares, em primeiro lugar, os dependentes presumidos — cônjuges, companheiros e filhos — e sem a admissão prévia da dependência econômica, os pais e irmãos.

Caracterizado o direito da ex-esposa e da ex-companheira, seu montante é dividido entre ambas; conforme o caso, também com os filhos destas.

A partir de 24.7.1991, passou a contemplar o marido e companheiro como possíveis pensionistas, desaparecida a distinção entre os sexos.

Se o cônjuge se ausenta do lar, só fará jus caso prove a dependência econômica. Da mesma forma, para o desquitado ou divorciado. A percepção de pensão alimentícia é o principal meio de prova dessa relação jurídica do distanciamento.

Caso alegue invalidez ou deficiência, os filhos ou irmãos são obrigados a exame médico pericial. O INSS pode, ainda, submetê-los à reabilitação profissional com vistas à recuperação e cessação da cota (com efeito prático tão somente se forem os únicos percipientes).

A decantação do direito cifra-se à Data do Óbito (DO). Se, então, existem os primeiros dependentes acima e estes, no curso da manutenção, não mais fazem jus, os segundos dependentes não podem habilitar-se. Isso sucessivamente para os terceiros (pais) e quartos dependentes (irmãos).

Designa-se dependente quem depende do segurado; pensionista quem recebe a pensão.

A pensão por morte é prestação dos dependentes necessitados de meios de subsistência, substituidora dos seus salários, de pagamento continuado, reeditável e acumulável com aposentadoria.

Sua razão de ser é quedar-se sem condições de existência de quem dependia do segurado. Não deriva de contribuições aportadas, mas dessa situação de fato, admitida presuntivamente pela lei.

Concedido o benefício, ele se mantém integralmente até a extinção da última cota.

Os motivos são os seguintes:

a) morte do pensionista;

b) recuperação da higidez do inválido ou deficiente;

c) maioridade do menor;

d) emancipação do filho ou do irmão; e

e) reaparecimento do segurado ausente ou desaparecido.

Na legislação atual, em séria distorção, o casamento da viúva não constitui motivo para a cessação do benefício. Requerendo segunda pensão, em razão da morte do segundo segurado outorgante, terá de optar pelo benefício de maior valor.

Extinta a cota de um dependente, o seu direito transferia-se para os demais e isso é igualmente verdade se, na divisão entre ex-esposa e ex-companheira, uma delas não mais faz jus.

Caracterizada a dependência econômica em relação a mais de um segurado (por exemplo, seus filhos), não há impedimento para a fruição de mais de uma pensão por morte.

Trata-se de direito próprio da condição de dependente e, por isso, pode ser recebido juntamente com benefício de segurado.

Para óbitos ocorridos a partir de 29.4.95, a renda inicial era igual a 100% do salário de benefício da aposentadoria do segurado, reajustada de acordo com os índices de manutenção até a DIB. Se a data de início da aposentadoria deu-se no período de 5.10.88 a 28.4.95, mas o falecimento sucedeu a partir de 29.4.95, a renda inicial foi de 100% do salário de benefício.

Se a aposentadoria foi deferida até 5.10.1988 e o óbito a partir de 29.4.95, a pensão por morte será de 100% da aposentadoria. Para óbitos acontecidos a partir de 29.4.95, o valor do auxílio-acidente deixou de ser incorporado à pensão (subitens 16.14 a 16.17 da Ordem de Serviço INSS/DSS n. 546/97).

A Justiça Federal, sem embargo de rejeitar a despensão, tem entendido que o pensionista é o titular do direito de revisão da RMI, caso seja possível provar que o valor do benefício que deu causa ao cálculo possa, também, ser revisto.

De regra, o benefício começa na data do óbito do segurado.

Imprescritível, pode ser requerido a destempo, prescrevendo mensalidades não recebidas. Caso os dependentes, maiores de idade, por qualquer motivo solicitem-na muito tempo após o óbito, receberão, desde a DER, 60 mensalidades atrasadas. Presentes menores, incapazes ou ausentes, não ocorre a prescrição.

A Medida Provisória n. 1.523/96 alterou esse mecanismo, de regra fixando o benefício na DER, salvo se requerido até 30 dias após o desenlace, ideia mantida na Lei n. 9.528/97.

A concessão não é protelada por falta de habilitação de um ou outro dependente. Quem se apresentar posteriormente terá a cota iniciada a partir de então.

Constituído, todo o tempo de manutenção em 100% da aposentadoria, extinguindo-se alguma cota, o seu percentual automaticamente revertia para o(s) outro(s) pensionista(s) com direito.

Na hipótese de o benefício ter de ser dividido entre dois ou mais pensionistas, a partilha se fará conforme o número de pessoas com direito. Assim, presentes mãe e filho, será de 50% para cada um deles; apenas três filhos, eles terão direito a 33,3%. Quando da concorrência esposa/companheira e filhos, as cotas serão iguais ao número de pensionistas.

A divisão não era justa. *In casu*, presentes duas famílias, subsistem despesas constantes e variáveis e era superior a CLPS, quando admitia parte básica, familiar, e cotas por dependentes.

São três os eventos determinantes:

a) morte;

b) desaparecimento; e

c) ausência.

Podendo-se incluir o desaparecimento do suspeito de crime.

No caso de morte presumida (ausência e desaparecimento), o direito condiciona-se à sentença declaratória da ausência, contada de sua emissão, e, no de desaparecimento, da data do evento.

Reaparecendo o segurado, cessam os pagamentos mensais sem necessidade de devolução.

O benefício segue a regra do direito adquirido. O segurado falecendo após perder a qualidade de segurado, os dependentes não podem usufruí-la. Mas se o óbito se der após o preenchimento de requisitos legais das aposentadorias, ele se mantém.

Igual raciocínio deve valer para o auxílio-doença, máxime se a *causa mortis* é a mesma ou está ligada ao benefício.

São exigidos:

a) certidão de óbito ou declaração judicial, no caso de ausência ou desaparecimento;

b) certidão de casamento;

c) certidão de nascimento;

d) provas da união estável para companheiros;

e) requerimento;

f) últimos salários de contribuição desde julho de 1994; g) carnê de pagamento do benefício; e

h) prova de endereço.

Vale antecipar que com a Lei n.13.135/15 o art. 16, I do PBPS foi alterado, incluindo-se o filho "que tenha deficiência intelectual ou mental ou deficiência grave". Nos termos do regulamento. Igual raciocínio vale para os irmãos (PBPS, art. 16, II).

Por outro lado também dispôs sobre o direito do homicida (PBPS, art. 74, § 1º) e a respeito de casamentos postos em dúvida quanto a sua validade devido a ancianidade do segurado (PBPS, art. 74, § 2º).

Capítulo 41 — Pensão por Morte do Desfiliado

De modo geral, historicamente, pelo menos até 24.7.91, a pensão por morte era um benefício da viúva ou dos dependentes do segurado. A partir dessa data o homem equiparou-se em relação a mulher segurada e auferiu o benefício no caso de morte do cônjuge.

Às vezes, a obscuridade de uma sentença enseja incompreensões e dissídios desnecessários (cabendo, à evidencia, os embargos de declaração). Isso sucedeu no RESP n. 1.346.852, da 2ª Turma do STJ. A decisão negou a pensão por morte à família de um segurado falecido (que, aliás, não tinha direito, porém, por outras razões).

O segurado objeto dessa ação judicial afastou-se do trabalho apto para a prática de alguma atividade, não mais a exerceu, perdeu a qualidade de segurado e veio a falecer.

Então, julgando possível, a família recolheu as contribuições anteriores ao óbito e solicitou a pensão por morte.

Quando um segurado capaz para o trabalho não exerce qualquer atividade, portanto, afastando-se do regime de previdência social, não se pode falar em contribuição *pos-mortem* como facultativo ou contribuinte individual. Claro que, em vida, ele poderia se reinscrever e cotizar.

Na hipótese, está configurada ausência dessas duas inscrições (faltava-lhe a base da filiação, vontade ou exercício de atividade).

Ele perdeu a qualidade de segurado em uma das diversas hipóteses do art. 15 do PBPS, vindo a falecer, sem subsistir direito à pensão por morte.

O cenário corresponde a de quem nunca se filiou, mas tal raciocínio não vale para quem preencheu os requisitos legais a um benefício antes do óbito. Assim entendeu o desembargador Edilson Pereira Nobre Júnior em 25.9.12, da 4ª Turma do TRF da 5ª Região no Proc. 0003335-07- 2012.4.05.999, *in* RPS n. 386/40.

Daí um equivoco do relator Ministro Humberto Martins, que menciona certas "contribuições devidas" (e que, no caso, foram recolhidas pelos familiares após o óbito).

Quando um interessado não se inscreveu como facultativo nem exerceu atividades, não se impõem tais contribuições devidas ou não devidas.

O STJ se manifestou em relação a alguém que parou de trabalhar, perdeu a qualidade de segurado sem estar incapaz para o trabalho e não poderia arguir as "contribuições devidas", recolhidas após o óbito.

Deixando o trabalho, conforme cada circunstância, por certo tempo (PBPS, art. 15), o segurado manterá a qualidade de segurado e se falecer dentro desse período, mesmo sem contribuições, outorgará a pensão por morte para os seus dependentes.

Caso não tenha exercido atividades depois da perda da qualidade de segurado e sem estar incapaz para o trabalho, a família não poderá recolher contribuições atrasadas, antes ou depois do falecimento.

As razões do INSS foram não ser "possível o recolhimento posterior à morte do segurado das *contribuições por ele devidas* tendo em vista que, à época de sua morte, já havia perdido a qualidade de segurado." (grifos nossos)

Mais uma vez confundiram-se simples contribuições com contribuições devidas, que são ambientes jurídicos distintos.

Quem não está filiado, nada deve nem os seus dependentes.

Se forem devidas as contribuições, o que altera o cenário, com ônus da mora (juros e multa), elas têm cabimento a despeito de se efetivarem depois da morte do segurado, raciocínio devido a construção doutrinária, embora esse entendimento não seja remansoso no STJ.

Por outro lado, estando inapto para o trabalho, mesmo sem ter requerido um auxílio-doença, a qualidade e se manterá e, por conseguinte, o direito à pensão por morte.

Assim sendo, os dependentes terão de fazer a prova *a posteriori* do seu estado de saúde, como se ele estivesse vivo o que não será tão fácil. A *causa mortis* da certidão de óbito é início razoável de prova material.

Deferido esse auxílio-doença hipotético com DIB, mas sem pagamentos, a qualidade será preservada até o falecimento.

Ainda que esse segurado possa ter falecido com potencial direito ao benefício de pagamento continuado da LOAS, a viúva não fará jus a pensão por morte, que não existe em decorrência da norma dispositiva dessa prestação assistenciária.

Capítulo 42 — Mudanças na Pensão por Morte

Em face da possibilidade de mudanças no modelo previdenciário da pensão por morte ou do auxílio-reclusão, quaisquer alterações normativas deveriam ser técnicas e a partir de estudos de campo, levar em conta as diferenças regionais e populacionais.

No exame do poder aquisitivo será perceptível verificar que mulheres que trabalham fora não são iguais das que cuidam do lar e da família.

O MPS deveria promover uma Audiência Pública para evitar cometer equívocos ou injustiças, como sempre acontece com experiências novas sem base em pesquisas acadêmicas.

Os requisitos desses benefícios foram concebidos quando o homem era o provedor e poucas mulheres trabalhavam fora ou tinham meios próprios de subsistência.

Além da definição da desaposentação, do fator previdenciário e de um limite nacional de idade, cenários técnicos pertinentes à aposentadoria por tempo de contribuição, a mídia informava que o MPS pensa em mudar os requisitos legais da pensão por morte.

Tratar-se-ia de um ajuste científico que se daria em razão das transformações havidas na sociedade e que, obviamente, respeitaria o direito adquirido.

Em 2003 o jornal do Congresso Brasileiro de Previdência Social, da LTr, exibiu propostas de alterações do PBPS que foram por nós apresentadas ao então Ministro Ricardo Berzoini. Algumas delas aproveitadas em nivel constitucional.

No que diz respeito ao tema ora enfocado, pelo menos uma dessas sugestões foi acatada na Carta Magna, de sorte que os dependentes dos servidores têm o teto da previdência social e apenas 70% da diferença entre os vencimentos ou proventos do falecido e R$ 4.663,75 (CF, art. 40, § 7º, *a*).

Num exemplo prático, se os proventos somassem de R$ 14.663,75, eles receberiam R$ 7.000,00 + R$ 4.663,75 = R$ 11.663,75.

Não parece adequado que a família, depois do óbito de um dos membros, se reduzida a um único sobrevivente continuasse recebendo o mesmo nível de rendimento quando vivo o trabalhador.

As despesas pessoais diminuem e evidentemente essa afirmação deve ser aclarada após uma adequada pesquisa de campo. Não se sabe com precisão qual deve ser a redução desses encargos do indivíduo.

A ideia filosófica aí contida é que o benefício é devido a quem precisa dele.

Relevará a sensibilidade do legislador considerar a quais dependentes ou pensionistas a norma se destinará. São diferentes, conforme o *status* social e a condição econômica ou financeira.

A presença da mulher no mercado de trabalho, sempre crescente, em alguns casos auferindo mais que o cônjuge ou companheiro, sempre crescente, inevitavelmente propõe uma revisão do cálculo do montante do benefício.

Em quase todos os países ocidentais e nos Estados Unidos só há esse direito se o cônjuge possuir determinada idade avançada.

Independentemente do poder aquisitivo e da situação econômica da população, nesses países, o plano de benefícios da iniciativa privada não é assim tão generoso quanto o nosso. Mas, também não se pode esquecer os outros benefícios sociais oferecidos de longa data para os beneficiários.

Fatos evidenciados por Cristiano Miziara Mussi e Michelle Souza Kropft de Abreu (As perspectivas do benefício previdenciário da pensão por morte no RGPS brasileiro. In: *RPS*, n. 383/811).

Quando do falecimento de um segurado com mais idade e sem filhos menores de 21 anos, restando apenas o cônjuge, talvez a renda mensal devesse ser menor que o *quantum* da aposentadoria (como sucede com o servidor).

Ainda que no RGPS o segurado viveu com o líquido e se aposentou com o bruto. A generosidade do legislador de 1991 não mais se justificava.

Esta proposição dizia respeito a quantia do benefício ser cifrada ao número de dependentes. Recordando a CLPS, haveria uma quota familiar básica, menor que os antigos 80% ou 50% e quotas individuais. Uma coisa é uma viúva; outra coisa, é essa viúva com cinco filhos menores.

Pensava-se em extinguir a reversão das quotas dos dependentes que completassem a maioridade. Os filhos válidos perderiam o direito ao completarem os 21 anos. Ou aos 18 anos.

Cessaria a reversão das quotas em razão da maioridade, falecimento, emancipação, recuperação da higidez etc.

Até 28.2.15, com qualquer número de dependentes a renda mensal sempre era de 100% do salário de benefício. A partir da MP n. 664/14 houve uma tentativa de definir como sendo de 50% (cota familiar) + 10% (cota individual por dependente) mas foi rejeitada pelo Congresso Nacional. Continua sendo de 100%.

Tais mudanças, tiveram início a partir de 1º.3.15 e deveriam levar em conta o direito adquirido; pensões concedidas ou fatos geradores ocorridos até 28.2.15 não seriam afetados.

Com a Lei n. 13.135/15 a vigência passou a ser de 1º.3.15 (art. 5º).

Uma das concepções polêmicas e de nuança jurídica seria o fim da presunção da dependência econômica. Hoje em dia não é raro uma mulher ganhar mais que o marido, não depender dele, especialmente em se tratando de empresária, atleta, artista de cinema ou TV modelo ou alguma celebridade.

No caso de rateio, está na hora de se definir o direito ao salário mínimo quando da concorrência da esposa com a companheira, caso o segurado recebesse R$ 788,00, em face da garantia constitucional do benefício mínimo.

O texto inovador definiu situação dos conjugicida ou dos dependentes que assassinarem o segurado (marido, companheiro, pai ou irmão). Mas de modo equivocado porque o homicida receberá enquanto não transitar em julgado a sentença penal...

Não teria direito à pensão por morte, como sucede com o art. 1.814 do Código Civil.

A possibilidade de o novo casamento do cônjuge ou companheiro pôr fim ao benefício mantido geraria situações desconfortáveis. Muitas pessoas estão vivendo em união estável com receio de perdê-lo, mas a nova lei não os atingiu, até porque essa união estável foi equiparada à união civil.

O casamento ou a união estável do pensionista extinguiria a manutenção do benefício, reclamando-se nesta última hipótese a perfeita configuração do que seja realmente a união estável.

A duração da nova pensão por morte para o dependente cônjuge ou companheiro segue a tabela abaixo:

Idade	Duração
Menos de 21 anos	3 anos
Entre 21 e 26 anos	6 anos
Entre 27 e 29 anos	10 anos
Entre 30 e 40 anos	15 anos
Entre 41 e 43 anos	20 anos
Com 44 ou mais anos	Vitalícia

Estranhamente, alegando que o dispositivo faria presumir a dependência econômica do filho emancipado, a Presidência da República vetou a nova redação do a. 16, I, do PBPS, que asseguraria "a pensão por morte do filho inválido ou que tenha deficiência intelectual ou mental ou deficiência grave, nos termos do regulamento".

Ora, sem esse dispositivo o filho com deficiência grave equivale ao inválido.

Capítulo 43 — Pensão por Invalidez ou Deficiência

Não tão claramente quanto a Medida Provisória n. 664/14, a Lei n. 13.135/15 dispôs sobre a cessação de uma pensão por invalidez ou deficiência, ao rever o art. 77, § 2º, do PBPS, com um inciso V, que diz:

> "para cônjuge ou companheiro: a) se inválido ou com deficiência, pela cessação da invalidez ou pelo afastamento da deficiência, respeitados os períodos mínimos decorrentes da aplicação das alíneas *b* e *c*."

A aludida alínea *b* trata de uma pensão válida apenas por quatro meses de duração de quem não obteve a pensão tradicional e a alínea *c* cuida da tabela de manutenção do benefício conforme a expectativa de vida do pensionista.

A descrição desse novo benefício era um pouco melhor explicitada; restam algumas dúvidas sobre tal prestação. O legislador, em péssima redação, em vez de caracterizá-la e defini-la a partir dos seus parâmetros essenciais preferiu dizer quando ela cessa. *Ab initio* vale recordar que na versão de 30.12.14 só se cuidava da invalidez e a partir de 2.6.15 incluiu a deficiência (recordando a LC n. 142/13). E com efeito retroativo (art. 5º).

Quer dizer, cessada a pensão por morte conforme a tabela de duração das mensalidades, caso o pensionista esteja inválido ou deficiente ele continuará recebendo o benefício até o fim dessas patologias.

Acresceu-se um § 2-A:

> "Serão aplicados, conforme o caso, a regra contida na alínea "a" ou os prazos previstos na alínea "c", ambas do inciso V do § 2º, se o óbito do segurado decorrer de acidente de qualquer natureza ou de doença profissional ou do trabalho, independentemente do recolhimento de 18 (dezoito) contribuições mensais ou da comprovação de 2 (dois) anos de casamento ou de união estável."

Como se vê, além de dispor sobre o direito à pensão por morte de quem não cumpriu os dois períodos de carência do segurado que sofreu o infortúnio laboral, esse dispositivo assegura a pensão por invalidez ou deficiência nas mesmas condições.

Um § 2º-B assegura:

> "Após o transcurso de pelo menos 3 (três) anos e desde que nesse período se verifique o incremento mínimo de um ano inteiro na média nacional única, para ambos os sexos, correspondente à expectativa de sobrevida da população brasileira ao nascer, poderão ser fixadas, em números inteiros, novas idades para os fins previstos na alínea "c" do inciso V do § 2º, em ato do Ministro de Estado da Previdência Social, limitado o acréscimo na comparação com as idades anteriores ao referido incremento."

Em suma, em 2018 a tabela de duração constante da alínea *c* do inciso V poderá ser modificada.

Uma novidade. Aparentemente nunca existiu algo assim, pelo menos como um pagamento continuado em pecúnia. Não faz parte do rol do art. 18 do PBPS como individualidade institucional, lembrando o art. 47 do PBPS (prorrogação da aposentadoria por invalidez).

Como a prestação pressupõe um exame médico, importa recordar que a Lei n. 13.063/14 dispensou o sexagenário percipiente de aposentadoria por invalidez ou pensionista inválido, da perícia médica obrigatória.

No caso de haver filhos envolvidos na fase da manutenção, a quitação do INSS os individualizará. O INSS dividirá em duas partes as mensalidades devidas à família; a) dos filhos e b) do pensionista inválido ou deficiente.

Crê-se que o elaborador da norma teria dificuldades em nominá-lo. Não é propriamente pensão por morte e também não é aposentadoria por invalidez, a despeito de algumas semelhanças em sua concessão e manutenção.

Certamente é uma prorrogação da pensão, não exatamente a pensão por morte usual, ainda que remotamente subsistisse um fato gerador comum (o falecimento de um segurado que instituiu a pensão por morte cessada, nos termos do § 5º do art. 77).

Pode ser designada como pensão por invalidez ou deficiência.

Note-se que tradicionalmente o direito à pensão por morte (art. 74 e seguintes do PBPS) pode ser acumulado com aposentadoria comum desfrutada pelo pensionista contribuinte do RGPS. A percepção deste último instituto enfocado não a excluiria. Receberia dois benefícios.

Na versão não mantida na lei, dizia o então art. 77, § 7º, do PBPS que:

"O cônjuge, o companheiro ou a companheira considerado incapaz e insusceptível de reabilitação para o exercício de atividade remunerada que lhe garanta subsistência, mediante exame médico-pericial a cargo do INSS, por acidente ou doença ocorrido entre o casamento ou início da união estável e a cessação do pagamento do benefício, terá direito à pensão por morte vitalícia, observado o disposto no art. 101."

Ab initio este dispositivo avultava alguns aspectos a serem considerados antes e depois da Lei n. 13.135/15:

a) destinatário;

b) evento determinante;

c) natureza do sinistro;

d) submissão à perícia médica inicial e sequencial;

e) valor mensal; e

f) agravamento etc.

A despeito dos exames sequenciais, previstos no art. 101, a essência desse pagamento então se aproximava da pensão por morte, parecendo ser uma extensão de sua manutenção, como sucede com o art. 47 do PBPS.

Deferida sem prejuízo do direito dos filhos, não afetados pela MP n. 664/14 nem pela Lei n. 13.135/15.

Trata-se de desembolso em dinheiro substituidor dos salários e, como tal, sujeito às regras do art. 124 do PBPS. Repete-se, não se confundindo com a pensão por morte propriamente dita nem com a aposentadoria por invalidez. Disciplinado num rápido preceito como prorrogação da pensão por morte usual, devido à contiguidade dos elementos integrantes.

Embora não exija o afastamento do trabalho tem alguma semelhança com a aposentadoria por invalidez, em relação a definição do evento determinante.

Não reclama carência, é mensal, impõe perícia médica e cessa quando da recuperação da aptidão e apresenta o mesmo sinistro protegido do art. 41 do PBPS e da LC n. 142/13.

O *in fine* do § 7º quando ditava a locução "terá direito à pensão por morte vitalícia" fazia pensar apenas no pensionista e, se presente mantinha-se o direito dos filhos.

A pessoa que faz jus é a dependente do segurado falecido, arrolado na abertura do início do art. 16, I, do PBPS: o cônjuge, o companheiro ou a companheira, indivíduos designáveis como unidos (pois envolve casamento e a união estável).

O maior favorecido é o pensionista com direito à pensão por morte gozando de alta expectativa de vida, vale dizer, pessoa jovem com pequena duração da pensão por morte prevista na primeira linha da Tábua de Mortalidade.

Quem usufrui a pensão por morte do novo art. 74, com caráter vitalício não faz jus a esse novo benefício.

Consoante os dizeres da MP é necessário que tal pensionista seja considerado inválido ou deficiente, portanto, incapaz obter os meios de subsistência, como dito, coincidindo praticamente com a descrição do *caput* do art. 42 do PBPS e da LC n. 142/13.

Diante do sinistro deflagrador da pretensão o interessado tem de se submeter à perícia médica do INSS, que verificará o sinistro e também a data do seu início e manutenção.

Vale recordar: o art. 101, § 1º, do PBPS foi alterado pela Lei n. 13.063/14, dizendo que:

> "O aposentado por invalidez e o pensionista inválido estarão isentos do exame médico de que trata o *caput* após completarem 60 (sessenta) anos de idade."

Quer dizer, tal dispensa aplica-se tão somente para a invalidez decorrente da aposentadoria por invalidez do art. 42 do PBPS, não se devendo confundir esse "pensionista inválido" (referido no art. 16, I e III, do PBPS) com a pensionista dessa nova hipótese, mas o princípio da isonomia resta suscitado aos intérpretes.

Requerido logo após a data de cessação da pensão por morte usual, sem sofrer solução de continuidade, iniciar-se-á no dia seguinte ao fim daquele benefício de duração provisória.

Nesse sentido podiam ser invocados os três incisos desse art. 74.

Solicitada tardiamente, iniciar-se-á quando da DER.

Não há menção expressa ao valor da RMI, julgando-se que a base de cálculo deve ser igual a da pensão por morte antes vigente para aquele pensionista.

Nestas condições, a vitaliciedade sustenta-se enquanto presentes os pressupostos legais da invalidez ou deficiência.

Direito não confundido com o dos filhos menores de 21 anos.

Pode dar-se de a incapacidade sobrevir depois da DO do segurado e agravar-se após esse momento quando se configurará o possível novo direito. Como sucede com o ingresso do incapaz.

As hipóteses de cessação do benefício podem ser as seguintes:

a) Morte do pensionista titular;

b) Resgate da capacidade para o trabalho; e

c) Concessão de benefício previdenciário de maior valor, em virtude de novo casamento ou união.

Não havia previsão da proporcionalidade do pagamento exatamente conforme a hipótese do art. 47 do PBPS. A RMI cessará abruptamente após a alta médica.

Falecendo esse percipiente, tal como sucede com o benefício da LOAS, não outorgará pensão por morte a ninguém.

Embora se pudesse pensar nisso, por falta de amparo legal não há direito aos 25% do art. 45 do PBPS; não é uma aposentadoria por invalidez.

Uma vez que a lei não contemplou novas núpcias como modalidade de extinção da pensão por morte, tem-se que o pensionista que constituir outra família ficaria excluído desse direito, uma vez presente a presunção da mútua dependência econômica podendo optar pelo melhor benefício.

Como na maioria das prestações, em particular a aposentadoria por invalidez, provados os pressupostos legais, o direito é imprescritível, podendo ser requerido a destempo, definindo-se a DIB na DER.

Em suma, a Lei n. 13.135/15 equiparou os cônjuges ou companheiros inválidos ou portadores de deficiência com os filhos e irmãos inválidos.

Capítulo 44 — Auxílio-Reclusão

Auxílio-reclusão é benefício-irmão da pensão por morte. A maior diferença consiste no fato de o segurado estar detido ou recluso, no primeiro caso, e morto, ausente, desaparecido ou foragido, no último. À exceção dos documentos exigidos, a habilitação é quase a mesma. Em razão disso, disciplinado em apenas um dispositivo do PBPS (art. 80).

Seu pressuposto básico é a família do preso estar desamparada, presunção não acolhida no caso de fuga, embora, a rigor, da mesma forma, os dependentes terão dificuldades para sobreviver. No confronto com o desestímulo à evasão, o administrador preferiu prestigiar a política penitenciária.

A EC n. 20/98, estritamente, em vez de compará-lo à pensão por morte, equiparou-o ao salário-família (*sic*), pretendendo ser direito de quem recebia até R$ 360,00, isto é, dos hipossuficientes. Hoje (2015), esse valor é de R$ 1.089,72.

A semelhança com a pensão por morte é jurídica. Significa definição da pretensão para as mesmas pessoas, exercitado e mantido nas mesmas condições, à exceção do fato gerador, prisão de segurado não remunerado.

Os destinatários, por conseguinte, são iguais aos daquele benefício, embora possa complicar-se caso a esposa ou companheira vier a estabelecer novo "casamento" ou união estável.

No comum dos casos, o benefício tem início na data do recolhimento do segurado à prisão (DIB). Internado no estabelecimento penitenciário o segurado todo o tempo, requerido posteriormente, começará quando da solicitação (DER), conforme o caso, aplicando-se a regra de prescrição da pensão por morte.

Esse benefício cessa, observando as mesmas regras compatíveis da pensão por morte, acrescidas as próprias de pessoa detida cumprindo pena.

Se o recluso for libertado por qualquer motivo, a prestação se extingue. Fugindo da prisão, o benefício é suspenso, podendo encerrar-se não havendo recaptura.

Direito de dependente, benefício substituidor dos salários, com caráter provisório, de pagamento continuado, reeditável, até a Medida Provisória n. 83/02 impedia o trabalho remunerado no estabelecimento penitenciário.

Seu montante é igual ao da pensão por morte, cujos requisitos estiverem preenchidos. No período de 1º.3.15 até 17.6.15 foi alterado pela MP n. 664/14, que se transformou na Lei n. 13.135/15.

O evento determinante é a prisão, detenção ou reclusão de um segurado sem percepção de remuneração da empresa ou benefício da previdência social. Curiosamente, a lei inclui até a percepção do abono de permanência em serviço e se o segurado não estava trabalhando, aquela pequena prestação não bastaria para a subsistência.

É irrelevante se inocente ou culpado, condenado ou não. No caso de prisão--albergue, podendo trabalhar, não fará jus caso remunerado.

Nos casos de prisão administrativa, a rigor, presentes os demais requisitos, os dependentes fazem jus ao benefício.

Repete-se. Concedido, mantém-se enquanto o segurado estiver recolhido à prisão. Se ele cumpre a pena e é libertado ou foi absolvido e é solto, o benefício se extingue. Caso fuja, é suspenso até a recaptura, na hipótese de ele não ter perdido a qualidade.

Períodos de filiação durante a fuga são considerados para este último fim.

Não foi justo o elaborador do regulamento quando impôs esta última regra, pois seguramente quem escapole dificilmente conseguirá meios de subsistência e poderá manter a qualidade de segurado.

Não estando preso, condenado ou não, a família não faz jus ao benefício e, assim, se requerido após a soltura, inexiste o direito.

A cada três meses, os dependentes têm de fazer a prova da detenção ou reclusão.

Além do requerimento, dos últimos salários de contribuição, certidão de casamento e nascimento, prova da união estável e de endereço dos dependentes, é preciso juntar a certidão comprobatória da prisão, expedida pela autoridade penitenciária.

Capítulo 45 — Reabilitação Profissional

O art. 89 do PBPS diz:

"A habilitação e a reabilitação profissional e social deverão proporcionar ao beneficiário incapacitado parcial ou totalmente para o trabalho, e às pessoas portadoras de deficiência, os meios para a (re)educação e de (re)adaptação profissional e social indicados para participar do mercado de trabalho e do contexto em que vive.

Parágrafo único. A reabilitação profissional compreende:

a) o fornecimento de aparelho de prótese, órtese e instrumentos de auxílio para locomoção quando a perda ou redução da capacidade funcional puder ser atenuada por seu uso e dos equipamentos necessários à habilitação e reabilitação social e profissional;

b) a reparação ou a substituição dos aparelhos mencionados no inciso anterior, desgastados pelo uso normal ou por ocorrência estranha à vontade do beneficiário;

c) o transporte do acidentado do trabalho, quando necessário."

Como todos os segurados, o doméstico tem direito a habilitação, reabilitação e readaptação profissional, observadas as características do seu trabalho, de regra realizado no ambiente familiar.

Vê-se que esse é um serviço social oferecido pelo INSS que buscará a inserção ou a reinserção do trabalhador no serviço doméstico. No mínimo, propiciará treinamento e oferta de próteses e órteses.

Exceto no que diz respeito à habilitação e à situação do dependente (incluído este último porque a lei fala em beneficiário), essa é uma pretensão subjetiva de quem ficou incapacitado para o trabalho por doença ou acidente. Se o INSS decidir pelo programa, o doméstico é obrigado a participar dele.

Fora desse cenário note-se que a pessoa com deficiência também faz jus a essa reabilitação profissional.

Cessado o auxílio-doença a readaptação consiste em o doméstico ser reaproveitado para o trabalho que antes fazia na residência ou noutra função.

Ultimamente em virtude desse valioso serviço vir sendo institucionalmente negligenciado pelo INSS, o segurado terá de recorrer à Justiça Federal para que tal assistência lhe seja propiciada.

O *in fine* do *caput* dá conta de reeducação social, que é bastante amplo e pouco foi desenvolvido ao longo do tempo.

Capítulo 46 —Benefícios Indevidos

A recuperação de valores indevidamente desembolsados aos beneficiários da previdência social pelo INSS ainda é tema polêmico e mal regrado na legislação (desde já convindo examinar o art. 115, II, do PBPS, art. 113 do Código Civil e art. 2º, § 1º, IV, da Lei n. 9.784/99).

A fonte formal administrativa é a IN INSS n. 49/10 ("Cobrança de Benefícios Indevidos", São Paulo: LTr, 2012).

A questão não é simples e vem se modificando ao longo do tempo; os tribunais estão mudando de orientação e enfatizando a natureza elementar das mensalidades e, portanto, em alguns casos, dispensando a devolução.

Importa pressupor a existência de uma prestação de pagamento continuado em manutenção (quando poderá ser admitida a retenção, à vista ou em parcelas, até a quitação dívida).

Ocorrerá essa figura da devolução se a prestação foi deferida e estiver mantida; vale dizer, caso o beneficiário tenha recebido algo indevido (por exemplo, por parte do dependente com procuração continuar auferindo uma aposentadoria de segurado que faleceu).

Deve-se pensar na ilicitude do beneficiário: fraude ou má-fé, nunca presumida, lembrando-se que a Súmula TFR da 2ª Região n. 446 e a Súmula AGU não admitem suspensão do benefício em caso de apenas suspeita de fraude.

Diferente é o cenário do caso de culpa *in vigilando* do INSS. No terceiro item não haveria necessidade de restituição quando de culpa *in vigilando* da autarquia federal. Em certas circunstâncias, a acusação da suspeita de prova poderá implicar em dano moral a favor do beneficiário.

A natureza da prestação previdenciária (estipulada no art. 100, § 1º-A, da Carta Magna) está claramente postada como sendo alimentar.

É preciso lembrar que a Constituição Federal tem a prestação previdenciária com natureza alimentar e, por conseguinte, muitos formadores de opinião e magistrados da Justiça Federal, *ipso facto*, entendem não haver necessidade da restituição.

Exceto, à evidência, se o titular desfrutar de outras fontes de manutenção (que descaracterizaria a alimentaridade do benefício do RGPS).

Carece definir qual a ação legal para essa recuperação: a) cobrança executiva com inscrição da dívida ou b) ação de enriquecimento ilícito (sem título executivo)?

Ab initio admitindo-se que a má-fé não pode ser presumida, devendo ser provada pelo INSS, tem-se que se o segurado produziu uma fraude (eventualmente sancionada pela Lei n. 9.983/00), ele terá de devolver. Da mesma forma, se procedeu com má-fé.

A primeira hipótese distingue-se da segunda em razão do conhecimento dos fatos e da lei (o segurado tentaria demonstrar o improvável e, por vezes, quem produziu a prova foi um intermediário e sem o seu conhecimento.

Nos termos da decisão unânime de 12.6.13, da 1ª Seção do Superior Tribunal de Justiça (STJ), relatada pelo Ministro Mauro Campbell Marques, o INSS não poderia inscrever a dívida e processar uma ação de execução fiscal, cabendo à autarquia apenas a ação de cobrança por enriquecimento ilícito, que é outro procedimento.

Decantado perfeitamente o crédito, a cobrança administrativa e a judicial terão de ocorrer dentro de cinco anos (que é um prazo exíguo).

Supondo-se que o fato gerador tenha ficado definido em 1º.1.12, o INSS terá até 31.12.16 para recebê-lo *ex vi* dessa prescrição.

A autarquia federal tem esses 60 meses para tentar haver o seu crédito, quinquídio que incluirá a ação judicial (IN n. 49/10, art. 44, § 3º).

Evidentemente, perfilhando os postulados da Lei n. 9.784/99, o órgão gestor terá de observar o devido processo legal.

Capítulo 47 — Contagem Recíproca

Comprovado, o tempo de serviço na condição de doméstico, como qualquer outro período de trabalho submetido ao RGPS ou a um RPPS, se o segurado assumir a condição de servidor na União, Distrito Federal, Estado ou Município poderá ter computado esse tempo de contribuição para os diversos fins da previdência social.

O inverso também é válido: alguém antes servidor e posteriormente se tornou doméstico. Nesta última condição terá o tempo de serviço considerado para efeito da previdência social gerida pelo INSS.

Para isso ser consumado é preciso que o interessado obtenha Certidão de Tempo de Contribuição (CTC), na primeira hipótese emitida pelo INSS e averbada em outro órgão gestor.

A compensação financeira ocorrerá no último regime de filiação do interessado que requerer o benefício, em relação aos respectivos tempos de contribuição ou de serviço.

Não é computado o período em que o segurado contribuinte individual ou facultativo contribuiu nos regimes de inclusão (§ 2º do art. 21 do PCSS), exceto se complementadas as contribuições que ali são menores (5% ou 11%). O tempo de contribuição ou de serviço será contado de acordo com a legislação pertinente, observadas as normas seguintes:

I – não será admitida a contagem em dobro ou em outras condições especiais;

II – vedada a contagem de tempo de serviço público com o de atividade privada, quando concomitantes;

III – não será contado por um sistema o tempo de serviço utilizado para concessão de aposentadoria pelo outro; e

IV – o tempo de serviço anterior ou posterior à obrigatoriedade de filiação à Previdência Social só será contado mediante indenização da contribuição correspondente ao período respectivo, com acréscimo de juros moratórios de 0,5% ao mês, capitalizados anualmente, e multa de 10%.

Quando a soma dos tempos de serviço ultrapassar 30 anos (mulheres) e 35 anos (homens) o excesso não será considerado para qualquer efeito.

O benefício resultante de contagem recíproca será pago pelo sistema a que o doméstico estiver vinculado quando da DER.

Vale recordar que o § 5º do art. 77 do PBPS determinou que:

"O tempo de contribuição Regime Próprio de Previdência Social (RPPS) será considerado na contagem das 18 (dezoito) contribuições mensais de que tratam as alíneas *b* e *c* do inciso V do § 2º."

Capítulo 48 — Transformação e Desaposentação

De modo geral os benefícios previdenciários em manutenção podem ser transformados. Comumente um auxílio-doença torna-se aposentadoria por invalidez e até em auxílio-acidente.

Não se considera a figura da transformação de aposentadoria em pensão por morte uma vez que o segurado faleceu e o titular do último benefício é outra pessoa. São prestações distintas.

É possível transformar a aposentadoria por idade em aposentadoria por invalidez, evidentemente presente todos os pressupostos legais desta última prestação. Ou seja, de que o aposentado esteve nas condições do art. 42 e seguintes do PBPS.

A hipótese contrária, transformação de aposentadoria por invalidez em idade, é defensável. Isso seria norma mais favorável por que o fator previdenciário que tem 60 anos (mulheres) ou 65 anos (homens) poderá ser superior a um.

No que diz o inverso é importante salientar a necessidade da configuração do período de carência (que é de 15 anos) e a idade mínima.

Ainda dependente de decisão do STF, o doméstico que se aposentou e voltou ao trabalho, como doméstico ou não, poderá pretender a desaposentação.

Tomo III
Direitos Trabalhistas

Nos próximos capítulos serão examinados os principais aspectos e institutos assinaladamente trabalhistas referentes à relação jurídica jacente entre o empregador e o doméstico.

Certa semelhança de situações com a CLT, bem como eventual identidade, às obrigações e os direitos previstos historicamente na Lei n. 5.859/72 foram acrescidos com os da recente Lei Complementar n. 150/15.

À evidência caberá alguma remissão ao Decreto-lei n. 5.452/43 e a legislação trabalhista complementar superveniente, em particular às Normas Regulamentadoras do Trabalho (NR), objeto da Lei n. 6.514/77 e regulamentada pela Portaria MTPS n. 3.214/78. Quando couber.

Importa cotejar comparativamente os diversos entes disciplinados, sabendo-se que em alguns deles se imiscuem normas laborais e previdenciárias, caso do salário-maternidade e do salário-família.

A LDD entrou em vigor em 2.6.15, mas vários direitos trabalhistas preexistiam a essa data base.

Capítulo 49 — Justiça Competente

Presente dissídio na relação jurídica laboral entre o empregador e o doméstico, a entidade jurisdicional competente para apreciá-lo é a Justiça do Trabalho (CF, art. 114).

Não pairam dúvidas sobre isso, ainda que a prestação de serviços se dê em atividade econômica, hipótese do caseiro operando em chácara de lazer e que, simultaneamente, exerça a atividade agropecuária. Neste caso ele é empregado rural protegido pela Lei n. 5.889/73 (NPTR). Ainda assim, a composição de conflitos será fará na Justiça do Trabalho.

Embora não devesse ser o Poder Judiciário trabalhista, anacronismo histórico inexplicavelmente mantido entende-se que no caso de acidente do trabalho, a justiça competente é a Justiça Comum e não seria a Justiça do Trabalho. Trata-se de um equívoco incompreensivo e que gera controvérsias inúteis.

Imaginem dispensar a Justiça Federal quando de conflito de reajustamento de mensalidades de um auxílio-doença acidentário (NB 91), assunto que nada tem a ver com o infortúnio laboral.

Evidentemente há ocasiões em que um instituto trabalhista deflagra consequências previdenciárias e, então, diante de controvérsias instauradas, a Justiça Federal será a competente.

O caso mais comum se dá quando o doméstico, por exemplo, reclama salários na Justiça do Trabalho e emergem contribuições previdenciárias. Por força de disposição constitucional quem deve fiscalmente exigi-las é a Justiça do Trabalho e não a RFB.

Em matéria de FGTS (quando se discutia o direito dos sucessores de um titular falecido) a Subseção II Especializada em Dissídios Individuais (SDI-2), o TST decidiu que a competência não é da Justiça Federal, ainda que presente a União, representada pela CEF, que havia contestado a decisão da 1ª Vara do Trabalho de Ferraz de Vasconcelos (SP) e, sim, a Justiça do Trabalho. Proc. RO n. 8247 12.2010.5 02.000.

Capítulo 50 — Vínculo Empregatício

Entre o doméstico e a pessoa ou a família estabelece-se uma relação fática e jurídica, em que o polo familiar desembolsa a remuneração mensal devida ao obreiro e este presta serviços no ambiente residencial dessas mesmas pessoas.

Esse elo formal é muito semelhante ao da relação de emprego (e até com a de trabalho) do empregado, avulso e do autônomo, mas cada uma delas tem sua conceituação própria e legislação específica.

O empregado é regido pela CLT, o autônomo pelo Código Civil (Lei n. 10.206/02) e o doméstico pela LC n. 150/15.

Por conseguinte, muitos institutos laborais e até alguns ditames civis podem ser invocados quando de dúvidas na interpretação da legislação e no exame dos conflitos da relação laboral doméstica.

Podemos chamar esse acordo pessoal e familiar de vínculo empregatício doméstico, com duas pessoas envolvidas e com nuanças materiais e formais próprias.

Tal liame tem início, continuidade e fim. Começa com o registro das condições de trabalho na CTPS, um primeiro dia de serviço na residência, prossegue com a persistência laboral própria do elo e termina com a rescisão contratual. Pode ser suspenso nas hipóteses legais, principalmente quando da fruição de benefícios previdenciários. E pode ser reeditável.

O conceito da Lei n. 5.859/72 falava em serviço contínuo, porque de regra o trabalho doméstico é contínuo, repete-se diuturnamente, para não se falar em repetitivo (especialmente para a cozinheira e arrumadeira). Boa parte dessa disposição legal é para excluir os prestadores de serviços não tidos como domésticos (eletricista, encanador, pedreiro etc.). Normalmente profissionais eventuais ou autônomos ou, raramente, empregados de pessoas jurídicas.

Formalmente a expressão material do contrato é a anotação dos seus elementos na CTPS.

A LDD deixou claro que a idade mínima deve ser de 18 anos (parágrafo único do art.1º).

Não há previsão legal para a presença da figura do trabalhador avulso nem a do temporário da Lei n. 6.014/74, mas existe um doméstico temporário (LDD, art. 4º, II).

A serviçal da doméstica, geralmente cuidadora dos seus filhos, em sua casa ou fora dela, preenchidos os requisitos legais, é a doméstica da LC n. 150/15.

O vínculo empregatício pode ser escrito e não escrito, na última hipótese admitindo todos os meios de prova válidos em Direito. Também pode provir tacitamente, quando alguém foi admitido sem essa intenção, mas ele acaba se consumando.

Desde logo, convém destacar a intenção das partes na configuração do tipo do vínculo, o *animus contrahendi*. Por vezes uma diarista que trabalha por dois dias da semana é solicitada a vir mais um dia, isso se repete e assim nasce um vínculo laboral...

Não há vinculo empregatício doméstico se a pessoa ou a família entrega a guarda e cuidado de um filho de tenra idade a uma cuidadora fora do seu ambiente residencial.

Quem presta serviços para a pessoa ou a família nas condições do conceito legal sem estar registrada na CTPS é um doméstico, onerando-se com o dever de fazer a prova disso caso pretenda algum direito social.

Podemos listar vários tipos de contratos domésticos:

a) o usual, por prazo determinando ou não;

b) o de experiência;

c) para vários patrões; e

d) de substituição temporária.

A família, por seu turno pode contratar autônomos, eventuais e empregados de empresas, designados esses trabalhadores como prestadores de serviços. E liames civis, como é o caso da procuração outorgada a um advogado.

Capítulo 51 — Anotações na CTPS

Nada obstando ser celebrado um contrato escrito entre os dois polos da relação em separado, com várias cláusulas especiais (e, exemplificativamente, será o caso do piloto particular de avião ou helicóptero ou de um médico de família), isso não dispensa a anotação na CTPS do vínculo laboral.

A ser promovida, saliente-se, num prazo mínimo de 48 horas.

Esse registro é fundamental. Presta-se subsidiariamente para provar o tempo de serviço (caso o empregador doméstico não emita o Simples Doméstico ou faça o recolhimento da contribuição previdenciária), e evidenciar o liame laboral e empregatício, a relação jurídica previdenciária (tempo de serviço), a remuneração, período de férias e todos os demais direitos desse obreiro.

Se o empregador não emitiu a guia de recolhimento, não recolheu o INSS e o FGTS, esse documento presta-se para a cobrança exacional e prova do tempo de serviço, inclusive para emissão da CTC.

Em muitos casos, como documento de identificação.

A Portaria MTE n. 41/07, regulamentou as anotações da CTPS:

I – nome do doméstico, data de nascimento, filiação, nacionalidade e naturalidade;

II – número e série da CTPS;

III – número do PIS ou PASEP;

IV – data de admissão e da demissão;

V – cargo e função;

VI – remuneração;

VII – jornada de trabalho;

VIII – férias;

IX – acidente do trabalho e doenças profissionais;

X – nome do empregador doméstico; e

XI – local de trabalho.

Vale ressaltar que a CTPS beneficia-se da presunção relativa de veracidade. Se os registros estão legíveis e não foram adulterados servem de meio suficiente de prova material do ali contido. No caso de perda ou extravio ela pode ser restaurada com essas anotações.

Caso o empregador doméstico tenha registrado um valor da remuneração aquém do que é pago mensalmente, o doméstico deve procurar juntar as provas para eventual reclamação *a posteriori*.

O art. 5º do Decreto n. 71.885/73 e o art. 29, § 1º, da CLT mandam: mesmo no caso de contrato de experiência, a data do início do contrato deve ser o primeiro dia de trabalho.

Ajuizando em termos de empregado celetista a 3ª Turma do TST condenou o empregador a uma indenização por dano moral por ter retido a CTPS por mais de 48 horas após a demissão.

Para o ministro Mauricio Godinho Delgado essa retenção gerou ofensa ao patrimônio moral do trabalhador pelo "injustiçado estresse produzido" (RR n. 177100-100-59.2013.5.17.010).

Capítulo 52 — Jornada de Trabalho

Até a LDD não havia determinação legal definindo a jornada de trabalho do doméstico, ela dependia do ajuste celebrado entre as duas partes.

A jornada de trabalho do doméstico é de 8 horas, totalizando 44 horas semanais (LDD, art. 2º), incluídas as 4 horas do sábado. Serão 5 x 8 = 40 + 4 = 44 horas.

Nada obsta que um obreiro possa celebrar um contrato de trabalho de meia jornada e receber proporcionalmente, com duração de apenas 4 horas por dia.

Admite-se um período de 12 horas seguidas com 36 horas de descanso.

Um dos itens da jornada de trabalho inclui quando ela começa e quando termina, e qual é o tempo para o descanso legal.

Intervalos menores do que os estipulados pela nova lei devem ser aprovados por convenções ou acordos coletivos de trabalho. Atualmente, o MTE aconselha o empregador a conceder o intervalo regulamentado, mesmo que o doméstico queira dispensá-lo.

Ele tem direito ao descanso semanal remunerado, de preferência aos domingos. Horas trabalhadas nos domingos e feriados serão pagas em dobro, exceto se houver compensação.

Como se verá adiante as horas extras serão pagas com 50% do valor habitual ou compensadas com folgas.

As primeiras 40 horas extras são necessariamente remuneradas. As excedentes, compensadas, mediante banco de horas, no máximo em um ano. Nesse caso, a jornada não poderá ultrapassar 10 horas. Se o doméstico deixar o emprego antes de fruir as horas do banco de horas, a remuneração correspondente levará em conta a remuneração habitual do trabalhador.

Domésticos que trabalham das 22 horas às 5 horas do dia seguinte receberão um acréscimo de 20% sobre a hora trabalhada. A hora noturna tem a duração de 52 minutos e 30 segundos. São, pois, duas vantagens: a) hora menor e b) mais bem paga.

O período diário para descanso é de uma hora por dia incluído o tempo de alimentação e, se o doméstico preferir, reduzidos 30 minutos. Nessa hipótese, sua jornada diária será de 7,30 horas.

Caso o trabalhador resida no emprego, o descanso pode ser desmembrado em dois períodos. Cada um deles tem de ter pelo menos uma hora até o limite de quatro horas.

Entre duas jornadas de trabalho tem de haver um período de descanso de 11 horas consecutivas.

A 7ª Turma do TST rejeitou agravo de uma doméstica contra decisão que considerou regular o pagamento de salário proporcional ao mínimo nacional para jornada de 25 horas semanais. Segundo essa Turma, a Orientação Jurisprudencial n. 358 da Subseção 1 Especializada em Dissídios Individuais (SDI-1), admite o pagamento proporcional ao tempo trabalhado e ela se aplica também aos domésticos.

Depois de 14 anos de serviços, a serviçal reclamante pediu demissão após discutir com a empregadora e ajuizou reclamação trabalhista afirmando que o salário anotado na CTPS era inferior ao mínimo regional. Segundo ela, embora a jornada anotada fosse das 07h45 às 13h00, de segunda a sábado, o trabalho exigido ultrapassava o período registrado.

Sua versão foi contestada pela empregadora, que afirmou que ela trabalhava das 8h às 12h de segunda a sexta-feira, e à tarde trabalhava em outras residências.

Com base nas provas produzidas no processo, o juízo considerou verídica a jornada descrita pela empregadora, de 5 horas diárias, e julgou improcedente o pedido de diferenças. O TRT da 4ª Região (RS) confirmou a sentença e negou seguimento ao recurso da doméstica, lembrando que a matéria estava pacificada no TST pela OJ n. 358. No agravo pelo qual pretendia trazer a discussão ao TST, a segurada insistiu na jornada superior a 25 horas semanais.

O relator, porém, afirmou que, demonstrado o cumprimento da jornada semanal de 25 horas segundo registros do TRT, o pagamento do salário proporcional ao mínimo nacional é lícito. Para se concluir pela jornada superior seria necessário reexaminar fatos e provas, vedado no TST pela Súmula n. 126. A decisão foi unânime. Processo: AIRR-575-78.2011.5.04.0521.

Capítulo 53 — Registro da Presença

A LDD inovou em matéria de Direito do Trabalho e estabeleceu o dever do doméstico de "bater o ponto".

Seu art. 12 diz:

> "É obrigatório o registro do horário de trabalho do empregado doméstico por qualquer meio manual, mecânico ou eletrônico, desde que idôneo."

Logo, deve assinar o ponto por ocasião da entrada e da saída.

Crê-se em certo exagero nessa exigência defluente da judicialização desse obreiro familiar. O registro será manual (em livro de ponto), mecânico (cartão de ponto em relógio) ou eletrônico (com cartão magnético).

Não há necessidade de registro nos momentos de descanso durante a jornada de trabalho. Seria exigir demais e burocratiza a relação fática.

Possivelmente a disposição não será cumprida à risca por todos os domésticos. Em todo o caso ela faz parte da lei.

Teoricamente, essa medida se prestaria para definir o cumprimento da jornada de trabalho e até mesmo para promover eventuais descontos no caso de atraso ou faltas, quando de discussão jurídica.

Ora, o trabalho doméstico propicia um cenário em que as partes se compõem o tempo todo. Se um obreiro chega atrasado meia hora pode compensar no final do expediente.

A lei não fala em exigir quadro de horário como acontece com o dever das empresas com empregados regidos pela CLT.

Se adotar esse sistema será útil ao empregador que o guarde pelo menos por cinco anos.

Capítulo 54 — Piso Salarial

Existem dois pisos salariais no Brasil: o nacional, que pode ser chamado de federal, e os estaduais.

O piso nacional é o salário mínimo, no valor de R$ 788,00 no ano de 2015. Ele vem sendo reajustado todo começo de ano, acrescendo em termos reais conforme política governamental.

Cinco estados brasileiros definiram o piso salarial para 2015.

São Paulo.......................... R$ 905,00

Santa Catarina................ RS 908,00

Rio de Janeiro................. R$ 953,47

Rio Grande do Sul.......... R$ 1.006,88

Paraná.............................. R$ 1.070,33

O fundamento legal desse piso salarial regional é basicamente o art. 7º, IV, da Carta Magna.

Com a disciplina dada pela Lei Complementar n. 103/00, no seu art. 1º autorizou os estados brasileiros a estabelecer outros valores, necessariamente com um *quantum* maior.

No caso de meia jornada diária será possível reduzir esses valores para 50% deles.

Cogita-se da hipótese de um acordo coletivo configurar outros montantes, sempre, desde que superiores ao salário mínimo.

O piso salarial é presumidamente devido, se não houver registro do valor na CTPS, pelo menos esse valor será considerado. Ele presta-se para os cálculos de todos os acréscimos previstos na LC n. 150/15.

Capítulo 55 — Segurança do Trabalho

A LDD não fez menção expressa sobre a medicina do trabalho nem a respeito da segurança do trabalho. Em razão das menções ao seguro de acidente do trabalho, com contribuição e benefício, nos dias de hoje, elas se impõem.

Inexistia essa preocupação porque o número de acidentes, tempos atrás, quase sempre traumatológicos, era inexpressivo.

Entretanto, como os meios de transporte nas grandes cidades se tornaram inseguros, o acidente *in itinere* chamou a atenção do legislador.

A pessoa ou a família terá de observar uma espécie de Norma Regulamentadora do Trabalho, visando a proteção da saúde e da integridade física do doméstico.

Uma possibilidade de assalto a mão armada, em se tratando de residências de alto padrão ou mansões, é bastante significativa.

A limpeza de vidros nas janelas é muito arriscada e pode produzir quedas violentas. Isso é mais verdade quando se tratar de edifícios residenciais.

Os fogões costumam produzir queimaduras quando do uso ou de limpeza. Panelas de pressão explodem.

O vazamento do botijão de gás provoca explosões frequentes em muitas residências. No mínimo, constitui ato inseguro manter um botijão de gás dentro da cozinha; ele deve ficar fora do ambiente de trabalho para o caso de vazamento de gás.

Choques elétricos acontecem. O doméstico tropeçar e cair também, pior se for de uma escada. Cortes com vidros quebrados é muito comum.

Admitida a ideia de existir uma doença do trabalho no meio residencial carece considerar a aplicação do NTEP em relação a esse trabalho, ainda que as consequências possam ser distintas do empregado celetista (PBPS, art. 21-A).

A matéria terá de ser regulamentada em especial, dadas as condições particulares do local de trabalho, sendo impostas inúmeras medidas de segurança ao trabalhador.

Capítulo 56 — Nexo Epidemiológico

A LDD alterou o art. 21-A do PBPS determinando que:

"A perícia médica do Instituto Nacional do Seguro Social (INSS) considerará caracterizada a natureza acidentária da incapacidade quando constar ocorrência de nexo técnico epidemiológico entre o trabalho e o agravo decorrente da relação entre a atividade da empresa ou do empregado *doméstico* e a entidade mórbida motivadora da incapacidade elencada na Classificação Internacional de Doenças (CID), em conformidade com o que dispuser o regulamento." (grifos nossos)

Como se vê, um cenário que se referia a área previdenciária de outros segurados do RGPS, com ênfase para o empregado celetista, passou a fazer parte do doméstico.

O NTEP identifica as doenças profissionais ou do trabalho próprios da atividade laboral. Quando o trabalhador adquire uma incapacidade relacionada à sua atividade profissional, resta determinado o acidente de trabalho, caso isso seja confirmado pela perícia médica do INSS.

Presente uma relação estatística entre a doença ou a lesão e a atividade econômica do trabalhador, o NTEP definirá automaticamente o direito a um benefício acidentário e não a um benefício comum.

O empregador, se desejar se contrapor a essa declaração oficial do INSS, poderá fazer a contraprova de que os impedimentos para o trabalho por mais de 15 dias não foram causados pela atividade desenvolvida pelo segurado. O ônus da prova é dele, ao contrário de antes da lei introdutora do NTEP, que entrou em vigor em 1º.4.07.

Requerido um auxílio-doença, quando o CID alegado pelo doméstico coincidir com a atividade doméstica, reafirmado pela perícia médica, o INSS entenderá que houve acidente do trabalho e deferirá o benefício previdenciário infortunístico correspondente (NB-91).

Então sobrevirão inúmeras consequências para o trabalhador, para o INSS e para o empregador:

a) se for empregado celetista, a estabilidade do art. 106 do PBPS;

b) recolhimento do FGTS durante o auxílio-doença;

c) ação regressiva do art. 120 do PBPS;

d) aplicação da Súmula STF n. 229;

e) multa do MTE; e

g) possibilidade de indenização civil.

No caso da relação doméstica cada um desses desdobramentos terá que ser apreciado em particular. A tendência futura será aplicar as mesmas regras aplicadas ao empregado.

Para a caracterização do acidente de trabalho pela Previdência Social, além da lesão e da incapacidade para o trabalho, é requisito essencial a demonstração do nexo causal. Ao contrário dos acidentes típicos, em que o nexo causal é de fácil verificação, as doenças ocupacionais, pela sua própria natureza, impõem grandes dificuldades práticas para se estabelecer com precisão científica a relação causal entre a doença e o trabalho.

Como os laudos periciais, de modo geral, não conseguem determinar em suas conclusões, com certeza e exatidão, a relação de causalidade, tendendo a rejeitar a caracterização do acidente justamente pela falta de evidência de nexo causal, como também devido a equívocos interpretativos do INSS e do próprio Judiciário, que colocavam como condicionante da caracterização da doença ocupacional a prova inequívoca do nexo causal, o ônus da prova e do sofrimento ficavam todos para a vítima.

Maiores explicações em: *Prova e Contraprova do Nexo Epidemiológico*. 3. ed. São Paulo: LTr, 2015.

Capítulo 57 — Férias Anuais

O direito às férias anuais, integrais ou proporcionais, fruídas ou indenizadas, não guarda grandes discordâncias; é praticamente igual ao do empregado, convindo estudar os arts. 129/153 da CLT.

Diz o art. 17 da LDD:

"O empregado doméstico terá direito a férias anuais remuneradas de 30 (trinta) dias, salvo o disposto no § 3º do art. 3º, com acréscimo de, pelo menos, um terço do salário normal a cada período de 12 (doze) meses de trabalho, prestado à mesma pessoa ou família."

Duas primeiras observações defluem desse preceito. Se o doméstico prestou serviços por 7 meses em uma família e 7 meses em outra, terá trabalhado por 14 meses sem fazer jus a esse benefício trabalhista.

O legislador não deveria ter se utilizado da expressão "a cada 12 (doze) meses de trabalho" porque não será. O correto é a cada 12 meses (uma vez que dentro desse lapso de tempo poderá ter fruído outras férias).

A remuneração correspondente deve ser acrescida de 1/3 constitucional, chamado de abono pecuniário (LDD art. 17, § 3º), sobre o qual não incide contribuição (PCSS, art. 28, § 9º, *e*, 7).

O momento de gozar as férias é critério do empregador, iniciando-se logo após o primeiro ano de trabalho, mas é uso e costume certa negociação entre as duas partes. Em todo o caso precisa requerer até 30 dias antes do término do período aquisitivo para que o empregador doméstico possa se preparar para isso (LDD, art. 17, § 4º).

Um doméstico poderá receber 1/3 do montante a título de abono de férias, ou seja, receber tal importância a título de férias indenizadas.

O pagamento tem que ocorrer até dois dias antes do início da fruição, o doméstico tem que se afastar do trabalho com essa remuneração no bolso.

Quando de rescisão sem justa causa, o trabalhador terá direito às férias proporcionais (LDD, art. 17, § 1º). Por exemplo, se trabalhou até 31 de maio receberá 5/12 do valor. Caso seu salário seja de R$ 2.400,00, receberá R$ 1.000,00.

É incongruente o elaborador da norma ao vedar o direito às férias, se o doméstico incidiu as hipóteses do art. 27, I/XII, da LDD. É punir em duplicata ou triplicada essa demissão.

Sobre as férias indenizadas referidas na Súmula TST n. 7, não há incidência de contribuição (PCSS, ar. 28, § 9º, *e*).

Por ocasião da rescisão subsistem férias proporcionais (CLT, art. 142).

Quem tem jornada de trabalho reduzida também faz jus a esse descanso anual. O período é diminuído, variando de 8 a 18 dias, conforme a duração da jornada antes convencionada.

Um doméstico residente no local de trabalho pode ali permanecer durante as férias e sem trabalhar.

O período aquisitivo é igual ao do empregado celetista, de 12 meses (LDD, art. 14, § 6º).

Férias vencidas devem ser remuneradas em dobro (CLT, art. 143).

Sob critério do patrão, elas poderão ser fracionadas em até dois períodos, sendo um deles no mínimo de 14 dias corridos.

Desde que não exceda 25 horas semanais, o regime de férias de tempo parcial segue comandos específicos (LDD, art. 3º). O salário pago é proporcional a jornada em relação a quem cumpre tempo integral.

A duração normal desse obreiro poderá ser acrescida de horas extras, em número não excedente a uma hora diária, mediante acordo escrito entre empregador e doméstico, com um limite máximo de 6 horas diárias.

Nessa modalidade após cada período de 12 meses de vigência do contrato de trabalho, o empregado terá direito a férias, na seguinte proporção:

I – 18 dias, para a duração do trabalho semanal superior a 22 horas, até 25 horas;

II – 16 dias, para a duração do trabalho semanal superior a 20 horas, até 22 horas;

III – 14 dias, para a duração do trabalho semanal superior a 15 horas, até 20 horas;

IV – 12 dias, para a duração do trabalho semanal superior a 10 horas, até 15 horas;

V – 10 dias, para a duração do trabalho semanal superior a 5 horas, até 10 horas;

VI – 8 dias, para a duração do trabalho semanal igual ou inferior a 5 horas.

Capítulo 58 — Décimo Terceiro Salário

A gratificação de Natal ou décimo terceiro salário do doméstico também não guarda qualquer dúvida, dada a identidade com o benefício previdenciário do abono anual (PBPS, art. 40).

Ele faz jus junto da remuneração de dezembro de cada ano.

A primeira parcela deverá ser paga entre fevereiro e novembro de cada ano, correspondendo a metade de sua remuneração mensal.

Uma segunda parcela quitada pelo empregador até o dia 20 de dezembro de cada ano.

Um doméstico poderá pedir que a primeira parcela seja paga por ocasião de suas férias anuais.

O empregador recolherá as contribuições sobre o salário bruto e o doméstico, comumente terá 8% descontado da remuneração. Essa alíquota incidirá também sobre férias e adicional de férias, caso sejam desembolsadas nesse momento.

A LDD consigna esse benefício eminentemente trabalhista no seu art. 19, reportando-se às Leis ns. 4.090/62 e 4.749/65 que devem ser consultadas no caso de dúvidas.

Nesse momento faz um registro relevante que vale para toda a LDD: aplicação da "Consolidação das Leis do Trabalho (CLT), aprovada pelo Decreto-lei n. 5.452, de 1º de maio de 1943".

De certa forma ainda há uma resíduo doutrinário de que não haveria tal contribuição, esquecendo-se os que assim pensam que ela financia o abono anual previdenciário.

Capítulo 59 — Aviso-Prévio

Quando do desfazimento do vínculo empregatício é enfocado o instituto técnico do aviso-prévio. Ausente essa providência formal obrigatória, preferivelmente por escrito, o empregador terá de pagar a remuneração equivalente.

Quanto a fonte emissora da notícia, ele é de dois tipos: a) do empregador ao trabalhador; b) do trabalhador ao empregador (CLT, art. 487, § 1º e LDD, art. 9º). A indenização devida pelo doméstico é igual ao montante do aviso-prévio devido pelo empregador (LDD, art. 7º, parágrafo único).

Na prática, até agora, a segunda hipótese acaba não sucedendo. Se utilizada, o empregador doméstico tem o direito de descontar um salário.

O aviso-prévio do doméstico segue a rotina regulamentadora dos empregados celetistas (art. 487, II).

Até o advento da Lei n. 12.506/11 o prazo anterior era de 30 dias, com ela foi acrescido de três dias a cada ano de vigência do vínculo empregatício, todavia sem ultrapassar 90 dias. Portanto, pode chegar a três meses. No mínimo, será de 30 dias.

Durante o contrato de experiência e de temporário não haverá aviso-prévio (LDD, art. 8º), determinação sujeita a apreciação doutrinária, pois pode dar-se de haver rompimento do vínculo dentro dos 90 dias e até mesmo no caso da substituição temporária.

Quando de uma ruptura imediata do vínculo empregatício ter-se-á o aviso-prévio indenizado, sem se sujeitar à contribuição previdenciária.

O tempo de serviço do aviso-prévio consumado é computado no período de contribuição doméstico. Em relação a igual período do aviso-prévio indenizado subsiste certa polêmica doutrinária e jurisprudencial. A Justiça do Trabalho entende de aplicar o art. 487, §1º, da CLT, mas o INSS não reconhece esse ponto de vista.

O período do aviso-prévio indenizado fará parte do tempo de serviço do doméstico para os fins de férias e décimo terceiro salário.

O horário de trabalho durante o aviso-prévio dado pelo empregador será reduzido de duas horas sem prejuízo do salário. Em vez da diminuição dessas duas horas diárias o doméstico poderá substituí-la por faltar por sete dias e ainda com remuneração paga (LDD, art. 24).

O valor das horas extras faz parte do montante do aviso-prévio indenizado.

Capítulo 60 — Exames Médicos

Com exceção da mudança na redação do art. 21-A do PBPS (NTEP), a LC n. 150/15 não cuidou em particular da perícia médica, como o fez a Lei n. 13.135/15, nem mencionou exames médicos em matéria trabalhista para o trabalho do doméstico.

Quem mencionou uma terceirização da perícia médica do INSS foi a dita Lei n. 13.135/15 (sem pouco a ver com as licenças médicas trabalhistas desse segurado).

Sem embargo da remissão à CLT, que é modalidade particular de consulta a esse verdadeiro Código do Trabalho, destarte não há alusão expressa a exames admissionais, sequenciais, de volta ao trabalho após benefícios por incapacidade e demissionais.

Isso pode, futuramente, criar problemas para o empregador doméstico. Principalmente reparações relativas a perda da saúde ou da integridade física do trabalhador.

Entretanto, caso a pessoa ou a família queira acautelar-se contra possíveis ações indenizatórias deverá exigir cada um desses cuidados, especialmente o exame admissional e demissional, promovendo sob suas custas as devidas inspeções de saúde.

Por exemplo, exigir uma espécie de Atestado de Saúde.

Ocupacional (ASO) doméstico. Como certamente não disporá de um médico do trabalho próprio, contratar os serviços de uma clínica especializada para que sobrevenha esse exame.

E guarde o laudo até dois anos após a rescisão contratual.

Com as novas obrigações e responsabilidades do empregador doméstico, quase que transformando o empregado em celetista, releva que ele tome cuidados.

Capítulo 61 — Auxílio Pré-Escola e Creche

O art. 7º, XXV, da Carta Magna assegura assistência gratuita aos filhos até 5 anos de idade em pré-escola ou creche (redação da EC n. 53/06).

O Decreto n. 977/93 disciplinou esse tipo de pretensão para os dependentes do serviço público federal.

A Resolução CJF n. 4/08 regrou o auxílio pré-escola no âmbito do Conselho de Justiça Federal.

Esse temário não foi esmiuçado na LC n. 150/15 e depende de alguma regulamentação posterior.

Em relação aos empregados celetistas a matéria está regulada no art. 389, § 1º, da CLT, que diz:

> "Os estabelecimentos em que trabalharem pelo menos 30 (trinta) mulheres com mais de 16 (dezesseis) anos de idade terão local apropriado onde seja permitido às empregadas guardar sob vigilância e assistência os seus filhos no período da amamentação."

O § 2º desse artigo presta mais esclarecimentos:

> "A exigência do § 1º poderá ser suprida por meio de creches distritais mantidas, diretamente ou mediante convênios, com outras entidades públicas ou privadas, pelas próprias empresas, em regime comunitário, ou a cargo do SESI, do SESC, da LBA ou de entidades sindicais."

A Portaria MTE n. 3.296/86 autorizou a substituição dessa prestação por um reembolso-creche. Quer dizer, o doméstico anteciparia o pagamento e teria o ressarcimento por parte do empregador.

Em seu art. 14, meio *en passant*, a LC n. 150/15 autoriza remissão subsidiária à CLT, ideia reforçada pelo art. 20 quando suscita o PBPS, mas isso não é possível em razão dos preceitos ali estabelecidos.

O doméstico tem direito a esses dois benefícios, ainda que o legislador de 2015 tenha claramente se omitido. Caso não sejam atendidos pelo empregador ou pelo Estado, obrigado a educação, tendo em vista o ditame constitucional, poderá recorrer ao STF por intermédio de Mandado de Injunção.

Capítulo 62 — Licenças Médicas

Quando ocorre a incapacidade para o trabalho do empregado, inicialmente a legislação previdenciária do RGPS prevê a concessão de um auxílio-doença.

Esse benefício temporário só começa no 16º dia a contar da DAT, mas para o doméstico, desde o dia seguinte ao último dia de trabalho. Na hipótese anterior, portanto, os primeiros 15 dias constituem uma licença remunerada na condição de obrigação da empresa.

Nesses casos, às vezes a impossibilidade de trabalhar se agrava com o passar dos dias, a despeito da boa vontade do doméstico de comparecer ao serviço, mas então cabe a prestação do INSS.

Sendo menor do que 15 dias, se essa inaptidão para o trabalho doméstico perdurar suscita-se o direito à licença remunerada devida pelo empregador doméstico. O trabalhador falta justificadamente ao serviço sem sofrer redução dos salários, pois são ausências permitidas pela lei. Normalmente, antes disso ele dá notícia ao patrão.

Em se tratando de dois ou três dias, na prática a ausência é relevada, mas se for superior o doméstico terá de apresentar provas de sua impossibilidade temporária de trabalhar para não sofrer desconto na remuneração.

São aceitas declarações de médico particular de confiança do trabalhador ou do empregador ou do SUS, UPA, AME, UNIMED, hospitais particulares ou públicos, a serem guardadas pelo patrão.

Capítulo 63 — Horas Extras

Todo período de trabalho que exceder 8 horas diárias deve ser remunerado como horas extras, com adicional de 50% sobre o valor da hora normal ou então compensado com folgas dentro de um ano (LDD, art. 2º, § 1º).

As 40 primeiras horas obrigatoriamente têm de ser remuneradas.

Curiosamente, não há previsão legal para o número de horas extras, mas evidentemente elas são limitadas, especialmente pelo fato que entre duas jornadas diárias tem de haver um intervalo de 11 horas de descanso sem prestação de serviços.

Como dito, as horas extras excedentes deverão ser compensadas no prazo máximo de um ano.

Contando as horas extras, a jornada diária não ultrapassará 10 horas.

É possível combinar um banco de horas extras para fins de compensação. Caso o doméstico deixe o emprego antes de promover essa compensação, o patrão terá de ressarci-lo.

Subsiste certa polêmica doutrinária sobre a incidência de contribuição previdenciária sobre o *quantum* das horas extras (50%). A nosso ver é período de trabalho e, por conseguinte, salarial.

As horas trabalhadas em domingos e feriados civis e religiosos serão pagas em dobro. A partir da Lei n. 11.324/06, haverá remuneração dobrada ou concedida uma folga.

O art. 3º, § 2º, da LDD rege as horas extras para as jornadas parciais, desde que seja apenas uma hora extra por dia, "mediante acordo escrito entre empregador e empregado", com um limite máximo de seis horas.

Por seu turno o regime de compensação está previsto no § 5º do art. 2º da LDD.

As primeiras 40 horas extras mensais serão pagas.

Elas "poderão ser deduzidas, sem o correspondente pagamento, em função da redução do horário normal de trabalho ou de dia útil não trabalhado, durante o mês". (LDD, art. 2º,§ 5º, II)

Repete-se. O saldo das horas extras terá de ser compensado em um ano.

Se não ocorrer a devida compensação integral das jornadas extraordinárias, o doméstico fará jus ao pagamento das horas extras não compensadas, calculadas sobre o valor da remuneração na data da rescisão.

Capítulo 64 — Adicional Noturno

Exatamente como acontece na CLT, o período noturno do trabalho doméstico é o prestado entre às 22h00 de um dia e as 05h00 do dia seguinte. Ou seja, envolve 7 horas.

O tema é tratado no art. 14 da LDD.

Os 60 minutos da hora de trabalho noturno perduram por 52 minutos e 30 segundos. Portanto, 7 minutos e meio menor que a hora habitual, uma complicação anacrônica e tradicional no Direito do Trabalho.

A remuneração dessas horas noturnas tem um acréscimo, no mínimo de 20% sobre o valor da hora diurna.

Note-se que o adicional noturno compreende dois direitos bem distintos: a) temporal — diz respeito a duração da hora de trabalho e b) acréscimo — aumento do *quantum* da hora diurna.

No caso de doméstico que trabalha exclusivamente em trabalho noturno, o acréscimo será calculado sobre o salário anotado na CTPS.

Essa última disposição merece reparos, pois, de regra, na CTPS é registrada apenas a remuneração básica (o salário) não se referindo a outros acréscimos, como as horas extras.

Nos horários mistos, ou seja, períodos diurnos e noturnos aplicam-se às horas de trabalho noturno o disposto que aqui se dispõem.

Entre duas jornadas de trabalho deve haver um período mínimo de 11 horas. O dispositivo ignorou art. 11 da LDD nada dispondo sobre o trabalho noturno em viagens, mas esses direitos subsistem da mesma forma.

Capítulo 65 — Estabilidade no Emprego

Com as significativas exceções de praxe abaixo consideradas, não existe estabilidade no emprego no Direito do Trabalho brasileiro. Dois desses cenários merecem análise: a) do acidentado e b) da gestante.

Um doméstico que vitimado por acidente do trabalho tem garantido um prazo mínimo de 12 meses de manutenção do seu contrato de trabalho. A estabilidade começa a partir do término do auxílio-doença concedido pelo INSS.

A doméstica não pode ser demitida desde a confirmação da gravidez até cinco meses após o parto.

Se engravidar durante o contrato de experiência não terá direito à essa estabilidade; o término do contrato não configura arbitrariedade. As partes têm ciência de que o vínculo terminará no prazo convencionado.

O cipeiro não pode ser demitido, desde o registro de sua candidatura até um ano após o final do mandato. A figura é praticamente inexistente no labor doméstico.

O sindicalizado ou associado, desde o registro da candidatura a cargo de direção ou representação de entidade sindical ou de associação profissional, até um ano após o final do seu mandato, não pode ser demitido.

É vedada a dispensa dos representantes da Comissão de Conciliação Prévia, titulares ou suplentes, até um ano após o final do mandato, salvo se cometerem falta grave.

Aos membros do CNPS, enquanto representantes dos trabalhadores em atividade, é assegurada a estabilidade no emprego, da nomeação até um ano após o término do mandato de representação, somente podendo ser demitidos por motivo de falta grave, regularmente comprovada por meio de processo judicial.

Os membros do Conselho Curador do FGTS têm assegurada a estabilidade no emprego, da nomeação até um ano após o término do mandato; somente podem ser demitidos por motivo de falta grave.

Capítulo 66 — Vale-Transporte

A Lei n. 7.418/85 criou o vale-transporte.

O vale-transporte é uma importância que o empregador antecipará ao trabalhador para utilização efetiva em despesas de deslocamento da residência ao trabalho e vice-versa, por meio do sistema de transporte coletivo público, urbano ou intermunicipal e/ou interestadual, geridos diretamente ou mediante concessão ou permissão de linhas regulares e com tarifas fixadas pela autoridade competente, excluídos os serviços seletivos e os especiais.

Não tem natureza salarial nem se incorpora à remuneração para quaisquer efeitos; não constitui base de incidência de contribuição previdenciária ou de FGTS e não se configura como rendimento tributável do trabalhador.

O empregador participará dos gastos de deslocamento do trabalhador com a ajuda de custo equivalente à parcela que exceder a 6% (seis por cento) de seu salário.

São assegurados os benefícios ao empregador que proporcionar, por meios próprios ou contratados, em veículos adequados ao transporte coletivo, o deslocamento integral de seus trabalhadores.

O doméstico que se utiliza de transporte coletivo urbano, intermunicipal ou interestadual para deixar sua residência e deslocar-se até o local de trabalho (residência do empregador doméstico) e no retorno para sua casa, tem direito ao vale-transporte.

O parágrafo único do art. 19 da LDD diz que:

> "A obrigação prevista no art. 4º da Lei n. 7.418, de 16 de dezembro de 1985, poderá ser substituída, a critério do empregador, pela concessão, mediante recibo, dos valores para a aquisição das passagens necessárias ao custeio das despesas decorrentes do deslocamento residência-trabalho e vice-versa."

Quer dizer, o patrão reporá ou adiantará o custo do transporte da residência do doméstico até o local de trabalho e deste de volta para casa.

No caso de haver veículo próprio do doméstico as duas partes se comporão para que haja acordo sobre o valor a ser desembolsado pelo empregador.

Capítulo 67 — Contrato de Experiência

A LDD preocupou-se com a adaptação do doméstico ao trabalho, disciplinando o contrato de experiência, um período durante o qual as duas partes verificarão as condições do labor (LDD, art. 4º, I). Se agrada ou interessa aos contratantes.

Trata-se, à evidência de um contrato por prazo determinado, de regra de 90 dias (LDD, art. 5º), ainda que prorrogável, e não comporta aviso-prévio. As partes sabem quando ele pode perder eficácia jurídica.

Do mesmo modo como que sucede com o empregado celetista, tal experiência é objeto de muitas polêmicas.

É possível a prorrogação desde que a soma dos dois períodos não ultrapasse os mesmos 90 dias (LDD, art. 5º,§ 1º).

Na hipótese de descumprimento dessa prorrogação ou ao final dos 90 dias se o trabalhador continuar prestando serviços, o contrato passa a ser por prazo indeterminado (LDD, art. 5º,§ 2º).

Nos termos do art. 6º:

> "Durante a vigência dos contratos previstos nos incisos I e II do art. 4º, o empregador que, sem justa causa, despedir o empregado é obrigado a pagar-lhe, a título de indenização, metade da remuneração a que teria direito até o término do contrato."

A relação jurídica do contrato de experiência, exceto quanto a duração, é exatamente igual a do contrato sem prazo determinado, aplicando-se a todos os demais preceitos compatíveis da LC n. 150/15.

Esse cenário complica-se um pouco quando, dentro desse lapso de tempo, o doméstico fica incapaz para o trabalho e requer o auxílio-doença. Julga-se que o prazo dessa experiência é suspenso e uma vez cessado o auxílio-doença ele será retomado.

Igual se passa com a superveniência de um salário-maternidade requerido pela doméstica. Mas nem todos pensam assim.

Capítulo 68 — Demissão com Justa Causa

No art. 6º a LC n. 150/15 prevê uma hipótese de demissão sem justa causa válida do contrato de experiência previsto no art. 4º, I e substituição temporária, no inciso II, onerando o empregador doméstico com o dever de pagar metade da remuneração total prevista para essas contratações.

No que diz respeito a aludida substituição a mensuração do final do período de trabalho depende da causa determinante, o evento que levou à contratação do substituto.

Fora dessas duas espécies diz art. 27 da LDD:

> "Considera-se justa causa para os efeitos desta Lei: I – submissão a maus tratos de idoso, de enfermo, de pessoa com deficiência ou de criança sob cuidado direto ou indireto do empregado; II – prática de ato de improbidade; III – incontinência de conduta ou mau procedimento; IV – condenação criminal do empregado transitada em julgado, caso não tenha havido suspensão da execução da pena; V – desídia no desempenho das respectivas funções; VI – embriaguez habitual ou em serviço; VII – violação de fato ou de circunstância íntima do empregador doméstico ou de sua família (VETADO); VIII – ato de indisciplina ou de insubordinação; IX – abandono de emprego, assim considerada a ausência injustificada ao serviço por, pelo menos, 30 (trinta) dias corridos; X – ato lesivo à honra ou à boa fama ou ofensas físicas praticadas em serviço contra qualquer pessoa, salvo em caso de legítima defesa, própria ou de outrem; XI – ato lesivo à honra ou à boa fama ou ofensas físicas praticadas contra o empregador doméstico ou sua família, salvo em caso de legítima defesa, própria ou de outrem; XII – prática constante de jogos de azar."

Por sua vez, no parágrafo único do mesmo art. 27 define as circunstâncias em que ocorre a culpa do empregador doméstico:

> "I – o empregador exigir serviços superiores às forças do empregado doméstico, defesos por lei, contrários aos bons costumes ou alheios ao contrato; II – o empregado doméstico for tratado pelo empregador ou por sua família com rigor excessivo ou de forma degradante; III – o empregado doméstico correr perigo manifesto de mal considerável; IV – o empregador não cumprir as obrigações do contrato; V – o empregador ou sua família praticar, contra o empregado doméstico ou pessoas de sua família, ato lesivo à honra e à boa fama; VI – o empregador ou sua família ofender o empregado doméstico ou sua família fisicamente, salvo em caso de legítima defesa, própria ou de outrem; VII – o empregador praticar qualquer das formas de violência doméstica ou familiar contra mulheres de que trata o art. 5º da Lei n. 11.340, de 7 de agosto de 2006."

Nos casos de demissão sem justa causa, o doméstico receberá uma indenização fundiária por parte do patrão, que contribuirá com 3,2% dos salários para um Fundo de Compensação do FGTS.

Nos desligamentos por justa causa, licença, morte ou aposentadoria, o valor será revertido para o empregador.

Capítulo 69 — Procedimento da Justa Causa

Constitucionalmente, diz o art. 7º da Carta Magna:

"São direitos dos trabalhadores urbanos e rurais, além de outros que visem a melhoria de sua condição social; I – relação de emprego protegida contra despedida arbitrária ou sem justa causa, nos termos de Lei Complementar, que preverá indenização compensatória dentro outro direitos."

A justa causa determinante da demissão do doméstico é incidente relevante na relação entre as partes, provocar dissídios de difícil solução, dadas as condições especiais da relação; por isso é a que mais avultará naturais discordâncias.

Na ausência de documentos evidentes comprobatórios da justificativa do empregador, restando apenas praticamente depoimentos testemunhais, as declarações das duas partes, dão conta de que esses procedimentos se pautarão por enormes dificuldades operacionais.

Não tem muito cabimento pensar-se em sindicância administrativa, como sucede nas empresas, mas ela caberia numa residência com muitos domésticos e com a finalidade de apurar-se a verdade e até tentar-se alguma composição entre as partes.

A parte interessada buscará o Poder Judiciário trabalhista para expor as suas alegações. No que se refere ao FGTS, o empregador terá de se haver com a Justiça Federal, mas existem magistrados da Justiça do Trabalho que se sentem competentes.

As provas apresentadas pelo empregador serão incontestáveis, não dando margem a dúvidas quanto a infração que teria sido cometida. Entre a disposição de romper o vínculo empregatício puro e simples e fazê-lo após a caracterização da falta grave existem espaço para incertezas de parte a parte.

Imagine-se caracterizar a impropriedade, incontinência de conduta, mau procedimento, desídia, disciplina e insubordinação (*sic*). Um pouco mais fácil será provar os maus tratos a idoso, enfermos e crianças, condenação criminal, embriaguês habitual, abandono do emprego e prática de jogo de azar.

Quem tem o ônus da fazer essa demonstração é o empregador, mas o doméstico pode opor-se a ela (reconverter), como sua iniciativa de propor uma rescisão indireta.

A culpa recíproca é também tema de grandes divergências doutrinárias, dificultando a apuração da verdade, na medida em que um pleno ato, revidado, poderá gerar atitudes que normalmente não sobreviriam.

Os efeitos do procedimento da justa causa acresceram-se significativamente com o direito dos depósitos do FGTS estabelecido pelo art. 22 da LDD.

O empregador doméstico não deseja assumir os 40% dos depósitos em razão de uma demissão injustificada, mas fica feliz em ter de volta os 3,2% que aportou mensalmente a Caixa Econômica Federal.

Antes de fixar esses dois institutos, importados facilmente da Lei n. 8.036/90 para LDD, o legislador da LC n. 150/15 deveria pensar dez vezes em deixar disciplinado esse tipo de ação. É quase certo que a magistratura trabalhista, *in dubio* louvar-se-á a favor do trabalhador.

Alguns documentos mínimos devem ser observados, entre eles, a advertência escrita.

Questão de grande importância será inevitável depoimento testemunhal. A doutrina não aplaude a presença de parentes ou vizinhos amigos de parte a parte.

De sorte que poucas pessoas restam para essa finalidade, e o juiz terá, rigorosamente, que aceitar com os cuidados necessários esses depoimentos.

De modo geral são admitidas todas as provas licitamente obtidas, não valendo registros fotográficos ou de outra ordem dos quais o doméstico não tinha conhecimento.

A decisão final pertence à Justiça do Trabalho, sendo altamente recomendável que sobrevenha um acordo trabalhista.

Este cenário pode propiciar o dano moral.

Capítulo 70 — Complementação do Auxílio-Doença

No parágrafo único do art. 63, quando trata do auxílio-doença do empregado regido pela CLT, o PBPS cuida de uma complementação do salário do trabalhador e diz:

> "A empresa que garantia ao segurado licença remunerada ficará obrigada a pagar-lhe durante o período de auxílio-doença a eventual diferença entre o valor deste e a importância garantida pela licença."

Na LDD não há previsão de um instituto técnico como esse para o doméstico. Todavia, caso o contrato de trabalho contenha uma cláusula com tal natureza, cogitar-se-á, por analogia, de aplicação do mencionado direito dos empregados.

Note-se que não se trata de um direito subjetivo e raramente uma pessoa ou família poderá pensar nisso, mas se o fizer para dar maior garantia ao doméstico certamente terá de observar esse dispositivo. Com certeza ele é remissível à CLT.

De regra, o auxílio-doença é cifrado a 91% de uma média dos salários de contribuição do doméstico desde julho de 1994. Nos termos da Lei n. 13.135/15 não pode ultrapassar a média dos últimos 12 meses.

Como os salários são baixos e a perda será pequena e possivelmente por isso não haverá essa opção. Todavia, quando diz respeito a profissionais liberais poderá ter algum significado.

O empregador doméstico precisa se acautelar contra o limbo jurídico do segurado que requer o auxílio-doença ao INSS, não o obtém, tenta voltar ao trabalho e não consegue, ficando sem receber do INSS e do patrão. No caso dos empregados, a Justiça Federal tem entendido que as empresas são responsáveis por essa licença do segurado.

Capítulo 71 — Remissão à CLT

Sobre o tema a ser enfocado em seguida diz o art. 19 da LDD:

"Observadas as peculiaridades do trabalho doméstico, a ele também se aplicam as Leis n. 605, de 5 de janeiro de 1949, n. 4.090, de 12 de julho de 1962, n. 4.749, de 12 de agosto de 1965, e n. 7.418, de 16 de dezembro de 1985, e, subsidiariamente, a Consolidação das Leis do Trabalho (CLT), aprovada pelo Decreto-lei n. 5.452, de 1º de maio de 1943."

Repare-se que a remissão às leis mencionadas é válida, expressa e direta, enquanto que a alusão à CLT deve ser subsidiária. Em cada caso, quando assim determinar, prevalece a LDD.

A Lei n. 605/49 disciplina o descanso semanal remunerado.

As Leis ns. 4.090/62 e 4.749/65 tratam do décimo terceiro salário.

A Lei n. 7.418/85 aborda o vale-transporte.

Considera-se agora a menção à CLT. Isso é assunto oneroso para o intérprete.

Remissões legais, especialmente quando têm por objeto leis orgânicas, códigos, consolidações — são sempre perigosas e de difícil trato na exegese. A tentativa de adoção da importação de regras de um cenário para outros são esforços intelectuais que reclamam sabedoria do aplicador.

A CLT é um código de Direito do Trabalho com 72 anos de existência e muita experiência. Ela própria comporta muitas dúvidas, daí a magnífica doutrina nacional e vastíssima jurisprudência.

O estudioso deve tentar resolver suas inquietações partindo exclusivamente do texto da LC n. 150/15 e em momento algum poderá se esquecer da natureza distinta da relação familiar que preside o contrato de trabalho doméstico. Ele é, antes de tudo, intimamente familiar.

Capítulo 72 — Seguro-Desemprego

O doméstico dispensado sem justa causa fará jus ao seguro-desemprego, no valor de um salário-mínimo, por período máximo de 3 meses, de forma contínua ou alternada. E, em outras hipóteses comuns aos demais trabalhadores.

Com destino distinto, para financiar esse benefício o empregador doméstico está onerado com duas contribuições mensais: a) 8% da remuneração e b) 3,2% da mesma base de cálculo.

Essa prestação será concedida ao doméstico nos termos da regulamentação do Conselho Deliberativo do Fundo de Amparo ao Trabalhador (CODEFAT).

No caso dos empregados celetistas a lei prevê hipótese de cancelamento desse benefício, além de sanções cíveis e penais cabíveis:

I - recusa, por parte do desempregado, de outro emprego condizente com sua qualificação registrada ou declarada e com sua remuneração anterior;

II - comprovação de falsidade na prestação das informações necessárias à habilitação;

III - comprovação de fraude visando à percepção indevida do benefício do seguro-desemprego; ou

IV - morte do segurado.

O doméstico deverá apresentar ao órgão competente do MTE:

I - CTPS, na qual deverão constar a anotação do contrato de trabalho e a data de dispensa, de modo a comprovar o vínculo empregatício, como doméstico, durante pelo menos 15 meses nos últimos 24 meses;

II - termo de rescisão do contrato de trabalho;

III - declaração de não fruir benefício de prestação continuada da Previdência Social, exceto auxílio-acidente e pensão por morte; e

IV - declaração de que possuir renda própria de qualquer natureza suficiente à sua manutenção e de sua família.

O empregador doméstico tem a obrigação de promover a inscrição e de efetuar os recolhimentos referentes ao doméstico após a entrada em vigor do regulamento do CODEFAT.

Como antecipado a contribuição de 3,2% é destinada ao pagamento da indenização compensatória fundiária da perda do emprego, sem justa causa ou por culpa do empregador.

Nas hipóteses de dispensa por justa causa ou a pedido, de término do contrato de trabalho por prazo determinado, de aposentadoria e de falecimento do doméstico, esses valores serão movimentados pelo empregador.

Na hipótese de culpa recíproca, metade dos valores previstos será movimentada pelo doméstico e a outra metade pelo empregador.

Os montantes serão depositados na conta vinculada do doméstico, em variação distinta daquela em que se encontrarem os valores oriundos dos outros depósitos e somente poderão ser movimentados por ocasião da rescisão contratual.

À importância monetária aplicam-se as disposições relativas à sujeição passiva e equiparações, prazo de recolhimento, administração, fiscalização, lançamento, consulta, cobrança, garantias, processo administrativo de determinação e exigência de créditos tributários federais.

Ainda referente ao seguro-desemprego, a Presidência da República vetou o inciso II do art. 15 do PBPS, ampliando a qualidade do segurado "que estiver suspenso ou licenciado sem remuneração ou que deixar de receber o benefício do seguro-desemprego".

Capítulo 73 — Fundo de Garantia

O recolhimento dos depósitos do FGTS era opcional para o empregador doméstico.

Com o art. 21 da LDD ele se tornou devido, na forma do regulamento editado pelo Conselho Curador e pelo agente operador do FGTS, conforme o disposto nos arts. 5º e 7º da Lei n. 8.036/90, inclusive nos aspectos técnicos de depósitos, saques, devolução de valores e emissão de extratos.

O empregador doméstico terá a obrigação de promover a inscrição e efetuar os recolhimentos do doméstico após a entrada em vigor do regulamento.

Depositará a importância de 3,2% sobre a remuneração devida, no mês anterior, a indenização compensatória da perda do emprego, sem justa causa ou por culpa do empregador, não se aplicando ao doméstico o disposto nos §§ 1º a 3º do art. 18 da Lei n. 8.036/90, que dizem:

> "§ 1º Na hipótese de despedida pelo empregador sem justa causa, depositará este, na conta vinculada do trabalhador no FGTS, importância igual a quarenta por cento do montante de todos os depósitos realizados na conta vinculada durante a vigência do contrato de trabalho, atualizados monetariamente e acrescidos dos respectivos juros.
>
> § 2º Quando ocorrer despedida por culpa recíproca ou força maior, reconhecida pela Justiça do Trabalho, o percentual de que trata o § 1º será de 20 (vinte) por cento.
>
> § 3º As importâncias de que trata este artigo deverão constar da documentação comprobatória do recolhimento dos valores devidos a título de rescisão do contrato de trabalho, observado o disposto no art. 477 da CLT, eximindo o empregador, exclusivamente, quanto aos valores discriminados."

Nas hipóteses de dispensa por justa causa ou a pedido, de término do contrato de trabalho por prazo determinado, de aposentadoria e de falecimento do doméstico, estes últimos valores previstos serão sacados pelo empregador.

Caso sobrevenha culpa recíproca, 50% dos valores serão movimentados pelo doméstico e o restante, pelo empregador.

Os valores serão depositados na conta vinculada do doméstico, em variação distinta daquela em que se encontrarem os valores oriundos dos depósitos de 8% e somente poderão ser movimentados por ocasião da rescisão contratual.

À importância monetária aplicam-se as disposições das Leis ns. 8.036/90 e 8.844/94, inclusive quanto a sujeição passiva e equiparações, prazo de recolhimento, administração, fiscalização e lançamento.

O § 4º do art. 22 da LDD deixa clara a eficácia da Lei n. 8.036/90 (lei básica do FGTS) e Lei n. 8.844/94 em relação aos domésticos:

a) dever exacional;

b) equiparações;

c) prazo para recolhimento;

d) administração; e

e) fiscalização, lançamento, consulta, cobranças, garantias de processos administrativo de determinação e exigência de créditos tributários federais.

A partir de 16.2.15 com a Lei n. 13.134/15 o FGTS dos celetistas foi bastante alterada no que diz respeito ao período de carência (art. 3º, I, a/c), duração (art. 4º) número de parcelas (art. 4º, I/III) e outros aspectos.

Por se entender que a LC n. 150/15 é lei especial as suas disposições sobre o FGTS do doméstico não são afetadas pela Lei n. 13.134/15, exceto subsidiariamente.

Tomo IV
Aspectos Diversos

Além das obrigações e direitos trabalhistas e previdenciários, a presença diuturna de alguém não pertencente à família, prestando serviços eminentemente pessoais no lar, com certeza gerará consequências e desdobramentos e outras relações, entre as quais as civis, que justificam observações. Ainda bem que raramente, até mesmo alguns preceitos penais.

Neste Tomo IV são abordados questionamentos ou institutos técnicos que fogem um pouco da classificação tradicional explícita de serem aspectos previdenciários ou trabalhistas, por sua natureza ou raridade.

Capítulo 74 — Simples Doméstico

No prazo de 120 dias após a sanção da lei será criada uma modalidade particular de recolhimento de exações relativas ao doméstico. A ideia é facilitar a vida do trabalhador e do seu patrão.

Por meio de um Super Simples as contribuições serão quitadas em um único boleto bancário, a ser retirado pela internet e impresso. Substituirá a Guia da Previdência Social (GPS).

Quem não dispõe de internet terá de recorrer a um escritório de contabilidade.

O MTE editará portaria sistematizando o *modus operandi* desses pagamentos.

Haverá espaço específico para a contribuição de 8% a 11% deduzida do doméstico, os 8% do empregador, além dos 0,8% do seguro de acidente do trabalho.

No caso de haver a imposição, uma linha para a retenção e recolhimento do Imposto de Renda.

Em particular, também constará espaço específico para FGTS. Serão separados os 8% dos 3,2%.

Crê-se que o MTE pensará também em algo para o valor das parcelas de dívida do empregador e no caso de parcelamento.

Capítulo 75 — União Estável

De regra, trabalhando a partir das 7 horas da manhã e até o final do dia, por vezes até sete dias por semana se residente no local de trabalho, praticamente por todos os 30 dias do mês, é possível que se estabeleça um elo nitidamente familiar entre os dois polos do contrato de emprego de um doméstico.

Esse vínculo jurídico será desnaturado por força das óbvias circunstâncias da aproximação física dos envolvidos.

No comum dos casos, subsistirá o nascimento de uma amizade duradoura ou o reconhecimento da relevância desse serviço tão significativo e, por que não dizer, necessariamente pessoal.

A cozinheira preparará a alimentação da família e a arrumadeira cuidará da cama do casal ou dos filhos. E também da toalete.

Imagine-se um idoso morando sozinho, cuja família admitiu uma cuidadora para assisti-lo em todas as suas necessidades. Entre outros aspectos, ele conviverá diuturnamente com uma mulher incumbida de cuidar de sua higiene, dar-lhe o banho diário e passar a noite na sua residência. Nas proximidades do seu quarto de dormir.

A dependência que se estabelece entre os dois pode deixar de ser apenas profissional e se tornar mais pessoal ainda. Não é impossível estar-se diante das características de uma união estável, mesmo ausente uma relação sexual tradicional.

Capítulo 76 — Empréstimo Consignado

O art. 6º da Lei n. 10.830/03, com as alterações da Lei n. 10.953/04 diz que:

"Os titulares de benefícios de aposentadoria e pensão do Regime Geral de Previdência Social poderão autorizar o Instituto Nacional do Seguro Social — INSS a proceder aos descontos referidos no art. 1º desta Lei, bem como autorizar, de forma irrevogável e irretratável, que a instituição financeira na qual recebam seus benefícios retenha, para fins de amortização, valores referentes ao pagamento mensal de empréstimos, financiamentos e operações de arrendamento mercantil por ela concedidos, quando previstos em contrato, nas condições estabelecidas em regulamento, observadas as normas editadas pelo INSS."

Por conseguinte, o doméstico aposentado poderá obter um empréstimo bancário oferecendo como garantia a RMI de sua aposentadoria.

O INSS escolherá quais são os benefícios que comportarão a retenção do valor mensal devido a instituição financiadora.

Disporá também sobre o montante dos encargos a serem cobrados para ressarcimento dos custos operacionais a ele acarretados pelas operações.

A responsabilidade do INSS em relação ao empréstimo reduz-se à retenção das quantias autorizadas pelo beneficiário e repasse à instituição consignatária nas operações de desconto e manutenção dos pagamentos do titular do benefício, na mesma instituição financeira, enquanto houver saldo devedor nas operações em que for autorizada a retenção, não cabendo à autarquia responsabilidade solidária pelos débitos contratados pelo segurado.

O doméstico poderá transferir a consignação do empréstimo, financiamento ou arrendamento celebrado na vigência do seu contrato de trabalho quando de sua aposentação.

Os descontos e as retenções não poderão ultrapassar o limite de 30% do valor dos benefícios.

Capítulo 77 — Retenções Possíveis

Além da contribuição previdenciária mensal, usualmente de 8% da remuneração (mas, podendo chegar a 11%), o empregador está obrigado a deduzir do doméstico as seguintes importâncias:

Caso a remuneração mensal comporte, o doméstico se sujeita a retenção do IR, a ser recolhido pelo empregador.

Importância em R$	Alíquotas em %	Quantia a deduzir em R$
Até 1.903,80	—	—
De 1.903,81 a 2.826,65	7,5	142,80
De 2.826,66 a 3.751,05	15,0	354,80
De 3.751,06 a 4.664,68	22,5	636,13
Acima de 4.664,68	27,5	869,36

Se o doméstico for condenado a pagar pensão alimentícia a um alimentado, o empregador fará dedução mensal desse valor.

Caso o doméstico tenha percebido benefícios indevidos, o INSS poderá tentar receber os valores com retenções na sua remuneração.

Embora seja rara a hipótese, embora não obrigado, o empregador está autorizado a descontar quantias correspondentes a prejuízos causados pelo trabalhador quando do exercício de sua atividade. Evidentemente em parcelas, se os danos forem de vulto.

Entender-se-á que tais descontos individualmente não possam ultrapassar 30% dos salários, nas hipóteses de simultaneidade, convindo que o empregador leve em conta a situação do doméstico.

Conforme o caso deduzir o valor da contribuição sindical.

O empregador não pode reter qualquer valor a título de aluguel se o doméstico residir na residência, podendo fazê-lo caso de ter de alugar outra casa.

As faltas injustificadas ao serviço prestam para desconto na remuneração. A lei veda desconto relativo a alimentação e vestuário.

Não é raro o doméstico pedir emprestado ao empregador, prometendo restituir à vista ou em parcelas.

Capítulo 78 — Sucessor Legal

Quando de interdição, enfermidade ou falecimento do empregador doméstico, em particular daquele membro da família que preencheu e assinou a CTPS, impõe-se o exame jurídico da situação do responsável pelas obrigações formais e materiais da relação de emprego com o doméstico a partir daí.

São várias as hipóteses em que pode ocorrer uma espécie de sucessão civil, exacional, fundiária e previdenciária.

O vocábulo sucessor *in casu* é tomado emprestado, pois a figura não é exatamente do sucessor do Direito Comercial.

Se falecer o único empregador (pessoa física), restará aos filhos deste algumas obrigações. Uma delas é de manter o curso do vínculo empregatício, anotação de registros na CTPS, pagamento dos salários, recolhimento do INSS e FGTS etc. Havendo mais do que nessa família remanescente, todos serão sujeitos passivos.

Na morte de um dos cônjuges (marido ou mulher), o cônjuge supérstite se tornará aquele que deverá cumprir as obrigações legais.

Na separação fática ou jurídica do casal, a princípio caberá verificar quem anotou a CTPS. Se o doméstico continuou trabalhando na residência o cônjuge que permaneceu vivendo ali é quem responderá. A parte anterior à separação obriga os dois.

As obrigações pecuniárias são dívidas da pessoa ou da família e mantêm-se como direito do doméstico no caso de desaparecimento dessas pessoas. Da mesma forma os deveres fiscais.

Capítulo 79 — Acordo Internacional

Acordo internacional de previdência social é um tratado bilateral (que pode ser multilateral) entre dois países em que haja imigração de trabalhadores de um para o outro, de modo que o tempo de filiação, de contribuição e outros aspectos previdenciários sejam mutuamente considerados pelas nações contratantes.

Seu texto é a fonte formal principal, subsidiada pela legislação básica.

O número de brasileiros trabalhando ou vivendo pelo mundo afora é muito maior que no passado. Mais de 1.000 jogadores futebol são transferidos a cada ano para o exterior e quase todos eles são repatriados 5 ou seis anos depois.

Em 2015, o Brasil mantém vigentes acordos com Portugal, Espanha, Japão, Itália, Canadá, Uruguai, Argentina, Paraguai, Chile, Alemanha, Bélgica, Cabo Verde, Grécia e Luxemburgo.

Atualmente, está com tratativas adiantadas com Quebec, Coreia do Sul e Suíça.

Por outro lado já participa de acordos multilaterais como o Iberoamericano e o Mercosul.

Esses tratados diplomáticos se caracterizam pela reciprocidade de tratamento, de modo que um tempo prestado no exterior é sopesado no Brasil e o tempo considerado no Brasil é contado no exterior, sempre que a prestação seja comum às duas partes contratantes.

Nestas condições, se o doméstico foi segurado obrigatório num país que mantenha acordo com o Brasil, o período de filiação será computado e somado juntamente com o exercido aqui no nosso País para fins de definição do direito e totalização. De todo modo, igual acontecerá se não foi doméstico lá, mas, sim aqui no nosso território.

A hipótese de cláusulas de tal natureza não será tão comum, mas, para raciocinar, supondo-se que recebeu algo como R$ 3.000,00 (ou equivalente) nos dois países e que trabalhou 5 anos no exterior e 10 anos no Brasil (totalizando uma carência comum), o INSS calculará o benefício com base de R$ 2.000,00 nacionais e o outro país a partir dos R$ 1.000,00.

Capítulo 80 — Trabalho no Exterior

Em algum momento pode dar-se de a pessoa ou a família viajar, particularmente para o exterior, e levar consigo o doméstico.

Isso é bastante comum com secretários particulares, acompanhantes, enfermeiras e até médicos de família, por parte de empregadores domésticos com posses para tanto.

Como a hipótese é incomum não está muito bem regulamentada, dependerá de negociação entre as partes, o trabalhador não está obrigado à viagem. Tal fato está condicionado à prévia existência de acordo escrito entre as partes.

Em relação ao doméstico que acompanha o empregador prestando serviços em viagem, serão consideradas apenas as horas efetivamente trabalhadas no período, podendo ser compensadas as horas extras em outro dia.

A remuneração-hora do serviço em viagem será, no mínimo, 25% superior ao valor do salário-hora normal.

Tal valor poderá ser, sempre mediante acordo, convertido em acréscimo no banco de horas a ser utilizado a critério do doméstico.

Nessas circunstâncias tão particulares, sobrevirá o trabalho habitual e também algum turismo e lazer a ser aproveitado.

O contrato de trabalho não se altera, as coisas se passam como se os serviços estivessem ocorrendo no ambiente residencial tradicional.

No caso de acidente laboral, as obrigações e os direitos se mantêm por inteiro restando ao empregador doméstico tomar as providências formais quando do retorno, ou se for o caso, emitir a CAT pela internet.

Capítulo 81 — Assédio Doméstico

O trabalho doméstico é personalíssimo; o obreiro vive e convive no dia a dia com uma pessoa ou uma família. São relações humanas, por assim dizer, familiares e, por via de consequência, geram inevitáveis contatos pessoais. Que podem dar alegrias e produzir problemas.

O assédio doméstico é moral e até mesmo sexual, no último caso, ofendendo principalmente domésticas, especialmente as cuidadoras, devido a aproximação física própria do seu esforço diuturno.

Pensando nos empregados e autônomos que prestam serviços para as empresa, a advogada Flavia Miranda Oleare diz que: "O assédio moral é considerado exposição dos trabalhadores a situações humilhantes e constrangedoras, repetitivas e prolongadas no tempo, manchando sua personalidade, dignidade ou integridade psíquica" (colhido na internet).

Ele se configura tanto em procedimentos abusivos do empregador, chamadas de assédio vertical, quando o superior hierárquico causa constrangimento aos subalternos, quanto às condutas que impõem competição ou pura e simples discriminação, designadas como assédio horizontal.

Muitas vezes o objetivo é desestabilizar a relação da vítima com o ambiente de trabalho, forçando-a a desistir do emprego e pedir demissão sem os 40% do FGTS ou aviso-prévio.

Normalmente, o assedio moral se constitui em ofensas individuais, a vítima é hostilizada, ridicularizada, inferiorizada e desacreditada. Esse cenário contamina o ambiente de trabalho.

Importa observar que um ato isolado não se considera esse ilícito moral; ele se substancia pela violência psicológica reiterada, repetitiva, com a deliberada intenção de desestabilizar o doméstico.

Uma humilhação repetida e de longa duração interfere na vida pessoal do obreiro, ela mina sua autoestima, ocasionando graves danos à sua psicologia, e podendo até mesmo causar-lhe incapacidade laborativa.

O assédio sexual é uma variante perigosa desse cenário e bastante comum, afastando o segurado do trabalho. Que, nem sempre reclama, mas caso o faça, poderá levar a um processo de dano moral.

Capítulo 82 — Transformação do Vínculo

Com a aproximação da construção jurídica do doméstico ao empregado regido pela CLT, começam a perder importância as diferenças, uma vez que os direitos são praticamente iguais.

No curso da relação fática e jurídica estabelecida entre o empregador e o doméstico, no decurso do tempo, as suas características podem ser afetadas por um ou outro polo ou pelos dois.

Caso o empregador doméstico opere em sua residência na condição de empregado de uma empresa, cenário usualmente chamado de trabalho a domicílio e o doméstico o sirva especificamente nessa atividade profissional, ele será empregado celetista de um empregado, devendo-se invocar a CLT.

Caso o empregador transforme-se em autônomo, ter-se-á um empregado regido pela CLT prestando serviços para um autônomo.

Na circunstância de o ambiente familiar se tornar uma empresa, o doméstico será empregado.

Existem transformações de outra ordem que interessam ao Direito Civil e o doméstico se torna um agregado e até mesmo parceiro de uma união estável. Se ele se casar com um dos empregadores, o vínculo da LDD deixará de existir.

Algumas empresas mandam empregados regidos pela CLT prestarem serviços domésticos na residência dos diretores; eles continuam sendo empregados, mantido o vínculo com a empresa a despeito de realizarem serviços pessoais.

Capítulo 83 — Seguro de Vida

O empregador doméstico, preocupado com a segurança e o futuro do doméstico, especialmente no que diz respeito a percepção de uma aposentadoria digna, poderá celebrar um contrato de seguro privado (ou aplicação financeira), em favor do trabalhador.

Com participação pecuniária deste ou não.

Esse tipo de cuidado é muito importante, principalmente em virtude de acidentes do trabalho e revela a boa vontade da pessoa ou família em proteger aquele que cuida deles.

Um plano de previdência privada, ainda que com caráter de investimento a favor de terceiros, é uma medida salutar.

Em alguns casos poderá propiciar um plano de saúde a custo zero para o doméstico ou com alguma participação deste.

Tais medidas são bem-vindas e são mais uma demonstração de que socialmente o salário pago ao doméstico jamais se equiparará ao valor dos seus serviços.

Capítulo 84 — Interpretação da Matéria

Dúvidas naturais emergirão no trato do contrato de trabalho doméstico, as próprias do Direito do Trabalho, bem menores as nitidamente previdenciárias, e as decorrentes da especificidade de uma relação laboral familiar.

As principais dizem respeito a efetividade de cada um dos acréscimos de variada ordem que fazem parte integrante da remuneração, em virtude de haver um procedimento de ganhos e perdas próprio de um vínculo tão pessoal.

Uma empregada que chega uma hora atrasada pode compensar trabalhando uma hora a mais no mesmo dia.

Não existe um limite claro do que seja o trabalho doméstico em comparação com os esforços do empregado da CLT. O certo é que muitos direitos do serviçal somente serão efetivos após o rompimento do vínculo empregatício. Não tem muito sentido pretender algo enquanto trabalha para a família, passando por momentos de alegrias e tristezas.

Como agirá o doméstico diante um desentendimento entre marido e mulher? Como expressar que o excessivo serviço o cansa e o leva a perda da saúde? O que fazer em face do assédio moral do patrão, se for uma doméstica?

A interpretação da matéria não guarda posições muito particulares; usualmente ela deve levar conta serem relações laborais afetadas pela presença da pessoa num ambiente familiar, cercado pela família com as consequências próprias disso.

Julga-se que a maioria dos domésticos ignora a lei ou dela têm uma concepção errônea ou fantasiosa. A lei somente deve ser invocada no limite dos dissídios. O melhor é que o lar seja uma sala de permanente negociação. A patroa sabendo que contratou uma empregada para nao ter de fazer o tedioso serviço doméstico ou fazê-lo porque também trabalha fora.

Em vez de procurar diretamente o judiciário, o importante será as partes considerarem a tipicidade da relação. Antes de tomar uma atitude mais drástica devem dialogar. O serviço doméstico é muito importante e realmente será retribuído com a remuneração avençada.

Capítulo 85 — Guarda de Documentos

Diz o art. 42 da LDD:

"É de responsabilidade do empregador o arquivamento de documentos comprobatórios do cumprimento das obrigações fiscais, trabalhistas e previdenciárias, enquanto essas não prescreverem."

Em vez de fixar um prazo a LC n. 150/15 preferiu transferir o problema, esperando que o termo não dependa de um lapso de tempo préfixado.

Não foi feliz vinculando a posse dos documentos ao prazo de prescrição de eventuais direitos, pois se apresentam situações em que é importante para as duas partes que alguns documentos sejam mantidos guardados por mais tempo.

O certo é o empregador preservar esses documentos, cada um deles devendo ser apreciado em particular.

A folha de pagamento ou recibo de salários ou outros valores devidos ao doméstico devem ser guardados pelo prazo de cinco anos (Súmula STF n. 8/08).

Com relação ao Imposto de Renda o prazo é o mesmo, igual valendo para o FGTS.

Durante a vigência do contrato de emprego doméstico, pelo menos por cinco anos, todos os documentos trabalhistas devem ser guardados.

Desfeito o vínculo empregatício, o prazo decadencial de relações é de dois anos (LDD, art. 43).

Nesses dois prazos seria a obrigação de guardar a prova do registro diário da frequência do trabalhador.

Teoricamente o direito de provar o trabalho não prescreve para o segurado; a qualquer tempo ele pode tentar persuadir o INSS que prestou serviços domésticos.

O prazo para o pedido de revisão de benefícios é de 10 anos (PBPS, art. 103) e se poderia entender que esse é o lapso de tempo de preservação dos documentos relativos à filiação, contribuição e salários de contribuição.

As guias do Simples Doméstico submetem-se ao prazo de cinco anos, mas o correto é guardá-las por mais tempo. Em algum caso será prova de filiação do doméstico. Ficaria bem ao empregador tirar cópia, guardá-la e entregar os originais ao interessado.

A RFB somente poderá exigir elementos do fato gerador por cinco anos.

Capítulo 86 — eSocial

A Resolução MTE n. 1, de 20.2.15, dispôs sobre o Sistema de Escrituração Digital das Obrigações Fiscais, Previdenciárias e Trabalhistas (eSocial).

Esse eSocial é um instrumento de unificação das informações referentes às obrigações fiscais, previdenciárias e trabalhistas, padronizando a sua transmissão, validação, armazenamento e distribuição.

Isso ocorre com: I – escrituração digital contendo os livros digitais com informações fiscais, previdenciárias e trabalhistas; II – sistemas para preenchimento, geração, transmissão, recepção, validação e distribuição da escrituração e III – repositório nacional contendo o armazenamento da escrituração.

As informações prestadas pelos empregadores domésticos serão enviadas ao FGTS e ali armazenadas.

Ele compõe-se pelo registro de informações fiscais, previdenciárias e trabalhistas agrupadas em documentos que contenham: I – dados cadastrais dos empregadores, inclusive domésticos, da empresa e a eles equiparados; II – dados cadastrais e contratuais de trabalhadores, incluídos os relacionados ao registro de empregados; III – dados cadastrais, funcionais e remuneratórios dos servidores titulares de cargos efetivos amparados pelos RPPS; IV – dados cadastrais dos dependentes dos empregados, inclusive domésticos, dos trabalhadores avulsos e dos segurados dos regimes geral e próprios de previdência social; V – dados relacionados às comunicações de acidente de trabalho, às condições ambientais do trabalho e do monitoramento da saúde do trabalhador e dos segurados; VI – dados relacionados à folha de pagamento e outros fatos geradores, bases de cálculo e valores devidos de contribuições previdenciárias, contribuições sociais de que trata a LC n. 110/01, contribuições sindicais, FGTS e IR retido na fonte.

Os órgãos partícipes disciplinarão os procedimentos e os efeitos para as informações prestadas no eSocial comporem a base de cálculo para a apuração dos débitos delas decorrentes e a base de dados para fins de cálculo e concessão de benefícios previdenciários e trabalhistas em atos administrativos específicos, emitidos pelas autoridades competentes.

As informações previdenciárias constantes do eSocial referem-se ao RGPS e aos RPPS.

Esses dados referem-se a ativos, aposentados, transferidos para reserva remunerada, reformados ou reincluídos, seus dependentes e pensionistas, devendo abranger também as informações de outras categorias de segurados amparados em RPPS com fundamento em decisão judicial ou em legislação específica do ente federativo.

O livro de eventos conterá: a) as informações do registro preliminar de admissão do trabalhador enviadas até o final do dia imediatamente anterior ao do início da prestação do serviço, observado o disposto no § 1º deste artigo; b) as informações da admissão do trabalhador e de ingresso e reingresso do servidor público de todos os poderes, órgãos e entidades do respectivo ente federativo vinculados ao RGPS, enviadas antes da transmissão de qualquer outro evento relativo a esse trabalhador ou até o dia 7 do mês subsequente ao da sua ocorrência; c) as informações de ingresso e reingresso do servidor titular de cargo efetivo de todos os poderes do ente federativo, amparado por RRPS, enviadas antes da transmissão de qualquer outro evento relativo a esses segurados ou até o dia 7 do mês subsequente ao da sua ocorrência; d) as informações da comunicação de acidente de trabalho enviadas até o 1º dia útil seguinte ao da ocorrência e, em caso de morte, de imediato; e) as informações de desligamento enviadas até o 1º dia útil seguinte à data do desligamento, no caso de aviso-prévio trabalhado ou do término de contrato por prazo determinado; f) as informações de desligamento enviadas até 10 dias seguintes à data do desligamento nos casos não previstos na alínea *"e"* deste inciso; g) as informações do aviso-prévio enviadas em até 10 dias de sua comunicação ao empregado; h) as informações do afastamento temporário ocasionado por acidente do trabalho, agravo de saúde ou doença decorrentes do trabalho com duração de até 30 dias enviadas até o dia 7 do mês subsequente; i) as informações do afastamento temporário ocasionado por acidente de qualquer natureza, agravo de saúde ou doença não relacionados ao trabalho com duração de 3 a 30 dias enviadas até o dia 7 do mês subsequente; j) as informações do afastamento temporário ocasionado por acidente de trabalho, acidente de qualquer natureza, agravo de saúde ou doença com duração superior a 30 dias enviadas até o 31º dia da sua ocorrência, caso não tenha transcorrido o prazo previsto nas alíneas *"h"* ou *"i"*; k) as informações dos afastamentos temporários ocasionados pelo mesmo acidente ou doença que ocorrerem dentro do prazo de 60 dias e tiverem em sua totalidade duração superior a 30 dias, independente da duração individual de cada afastamento enviados em conjunto até o 31º dia do afastamento, caso não tenha transcorrido o prazo previsto nas alíneas *"h"* ou *"i"*; l) as informações dos eventos não periódicos não relacionados nas alíneas *"a"* a *"k"* enviadas até o dia 7 do mês subsequente ao da sua ocorrência ou antes do envio dos eventos mensais de remuneração a que se relacionem e m) as informações dos afastamentos temporários e desligamentos do servidor titular de cargo efetivo de todos os poderes, órgãos e entidades do respectivo ente federativo, suas autarquias e fundações, amparado por RPPS, enviadas antes do evento que contém a remuneração devida no mês a que se refere o afastamento, ou até o dia 20 do mês subsequente ao que ocorrerem quando não for devida remuneração na competência. III – O livro de eventos periódicos conterá: a) as informações das folhas de pagamento contendo as remunerações devidas aos empregados, trabalhadores avulsos e contribuintes individuais, bem como os correspondentes totais, base de cálculo e valores devidos de contribuições previdenciárias, contribuições sociais de que trata a LC n. 110/01, contribuições sindicais, FGTS e IR enviadas até o dia 7 do mês subsequente ao que se refiram; b) as informações de folha de pagamento contendo os pagamentos realizados a todos os trabalhadores, deduções e os valores devidos do imposto de renda retido na fonte devem ser transmitidas até o dia 7 do mês subsequente ao do pagamento; c) as informações relacionadas à comercialização da produção rural pelo segurado especial e pelo produtor rural pessoa física, com as correspondentes deduções, bases de cálculo e os valores devidos e retidos, transmitidas até o dia 7 do mês subsequente ao que se refiram; e d) as informações das remunerações e benefícios devidos e dos pagamentos realizados ao servidor titular de cargo efetivo de todos os poderes, órgãos e entidades do respectivo ente federativo, suas autarquias e fundações, amparado por RPPS, bem como as bases de cálculo e valores devidos pelos segurados, beneficiários e pelo ente federativo das contribuições previdenciárias, enviadas até o dia 7 do mês subsequente ao que ocorrerem.

O empregador doméstico pode optar por enviar todas as informações de admissão do trabalhador até o final do dia imediatamente anterior ao do início da prestação do serviço ficando, nesse caso, dispensado do envio das informações do registro preliminar do trabalhador.

As informações de remuneração do empregado referentes ao mês anterior devem ser enviadas previamente às informações de seu desligamento, nas hipóteses em que os vencimentos dos prazos previstos para envio do desligamento ocorram antes do dia 7 do mês subsequente.

Na ausência de fatos geradores que obrigam o envio dos eventos periódicos previstos, o obrigado ao eSocial enviará um evento específico informando não possuir movimento na primeira competência em que essa situação ocorrer, devendo essa informação ser ratificada na competência janeiro de cada ano enquanto permanecer essa situação.

As rotinas serão disciplinadas no Manual de Orientação do eSocial, não se aplica ao MEI com empregado, ao segurado especial e os com até 7 empregados e empregadores domésticos.

O tratamento diferenciado, simplificado e favorecido dispensado às empresas optantes pelo Simples Nacional, MEI com empregado, empregador doméstico, ao segurado especial e ao produtor rural pessoa física será definido em atos específicos.

Para maiores informações consultar o livro de Odair Rocha Fantonio *eSocial Fácil*. 2. ed. São Paulo: LTtr, 2015.

Capítulo 87 — Transferência de Recursos

Nos §§ 3º/4º do art. 34 a LDD apresenta duas surpreendentes determinações:

> "O produto da arrecadação das contribuições, dos depósitos e do imposto de que trata o *caput* será centralizado na Caixa Econômica Federal."
>
> "A Caixa Econômica Federal, com base nos elementos identificadores do recolhimento, disponíveis no sistema de que trata o § 1º do art. 33, transferirá para a Conta Única do Tesouro Nacional o valor arrecadado das contribuições e do imposto previstos nos incisos I, II, III e VI do *caput*."

A disposição está se referindo a: a) contribuições previdenciárias; b) FGTS; e c) Imposto de Renda.

Os montantes arrecadados pelo Simples Doméstico seriam transferidos para a Caixa Econômica Federal sem que se saiba a razão de ser. A terceira exação mencionada (IR) pertence à União, mas o aporte securitário deve ser canalizado para o FPAS.

Fábio Zambite Ibrahim garante que tal procedimento é inconstitucional (*A nova disciplina previdenciária dos empregados domésticos com o advento da LC n. 150/15*, colhido na internet).

Capítulo 88 — Direito Procedimental

Basicamente o Direito Previdenciário Procedimental compõe-se de dois segmentos distintos: a) relativo às contribuições e b) pertinente aos benefícios.

A exigência das cotizações previdenciárias é executada pela RFB e os pedidos de benefícios são instruídos pelo INSS.

Diante da inadimplência do contribuinte o crédito relativo ao doméstico é reconhecido espontaneamente ou ser lançado de ofício. Tais documentos constituem confissão de dívida fiscal e são instrumentos hábeis e suficientes para a imposição exacional.

Entre outros, servirão como fontes de constituição do crédito tributário relativo às contribuições:

I - CTPS devidamente anotada caracterizada como instrumento válido para a exigência do crédito tributário.

II - Sentença judicial da Justiça do Trabalho em que provada a relação doméstica, se a própria justiça não cobrar as contribuições.

III - Lançamento do Débito Confessado, meio pelo qual o empregador doméstico reconhece o seu débito.

IV - Notificação de Lançamento constitutivo de crédito exacional.

V - Simples Doméstico preenchido e não recolhidas as contribuições.

VI - Recibos de pagamentos.

VII - Relatório de Auto de Infração do MTE.

Constatado débito decorrente de divergências entre o recolhido no Simples Doméstico e o realmente devido, a RFB o lançará em documento próprio e iniciará uma cobrança administrativa, independente da instauração de procedimento fiscal ou de notificação ao sujeito passivo.

Numa tentativa de composição, é facultado intimar o sujeito passivo a regularizar as divergências apuradas. Nesse sentido a intimação será encaminhada ao sujeito passivo, a critério da RFB por via postal, com ou sem Aviso de Recebimento, ou por meio eletrônico, e conterá: o prazo para regularização, o endereço eletrônico para acesso aos relatórios com detalhamento dos valores apurados e obtenção de instruções para regularização da situação e o endereço da unidade da RFB onde o sujeito passivo poderá comparecer, caso manifeste interesse em obter informações adicionais.

Caso a dívida intimada não seja quitada nem parcelada no prazo de 30 dias, bem como na hipótese de rescisão de parcelamento, o processo administrativo será encaminhado à PGFN, para fins de inscrição do crédito em dívida ativa e cobrança, juntamente com cópia da comunicação ao sujeito passivo sobre sua inclusão no CADIN.

Nos termos dos arts. 14/16 do Decreto n. 70.235/72 o contribuinte poderá impugnar em 30 dias essa exigência fiscal apresentando as provas de que dispuser, por exemplo, com as guias do Simples Doméstico quitadas.

Não acolhidas as suas razões e constituído crédito fiscal pela Delegacia Regional (1ª instância), seguem-se os preceitos das Leis ns. 11.457/07 e 11.941/09 e do Decreto n. 70.235/72.

Dessa decisão cabe Recurso Voluntário, no prazo de 30 dias, para o Conselho Administrativo de Recursos Fiscais (CARF), a segunda instância do Ministério da Fazenda.

Da decisão do CARF cabe Recurso Especial para o Conselho Superior de Recursos Fiscais (a terceira instância), em 15 dias.

Esse Decreto n. 70.235/72 ainda prevê um exame especial, em cada caso, a última instância.

Vencido em todas elas só restará ao contribuinte uma impugnação judicial junto da Justiça Federal.

No que se refere aos benefícios do RGPS, os procedimentos são outros, pois envolve apenas o doméstico e o INSS.

Como fontes formais aplicam-se as Leis n. 9.784/99 e 8.213/91 e o Decreto n. 3.048/99. Em particular a vigente Portaria MPS n. 548/11, também convindo consultar a IN INSS n. 77/15.

Nos termos da IN INSS n. 77/15, indeferida a pretensão de uma prestação pela APS (primeira instância), caberá um Recurso Ordinário de 30 dias à Junta de Recursos (segunda instância).

Da decisão da JR será possível um Recurso Especial à Câmara de Julgamento (CAj) do CRPS (art. 540 da IN INSS n. 77/15).

Da mesma forma, transitada em julgado a decisão do CRPS restará ao doméstico a Justiça Federal.

Também cabe apelação com Contrarrazões no mesmo prazo de 30 dias.

Estranhamente da decisão proferida em JA não cabe recurso, exceto se ela foi promovida junto de um pedido de benefício.

Capítulo 89 — Doutrina Nacional

Não é pequena a contribuição doutrinária sobre a situação do doméstico, são muitos livros e artigos publicados em revistas especializadas.

Nelson Augusto Leite desenvolveu o tema: "A atual situação previdenciária do empregador doméstico", *in Supl. Trab. LTr* n. 25/79.

Milton Rodrigues escreveu sobre o "Trabalho doméstico e o trabalho em domicílio" no *Sup. Trab. LTr* n. 17/76.

Irany Ferrari ponderou as "Considerações sobre o doméstico rural" no *Sup. Trab. LTr* n. 17/76.

Rodolfo Pamplona Filho e Marco Antonio César Villatore publicaram um *Direito do Trabalho Doméstico*. 2. ed. São Paulo: LTr, 2001.

Lidia Maejima e Neide Akiko Fugivala Pedroso editaram um *Manual Prático do Empregador Doméstico*. 2. ed. São Paulo: LTr, 2003.

Na Colômbia, Victor M. Alvarez publicou *El trabajo domestico e su Regulamentación Legal em Latino-América*. Caracas: Univers, 1977.

Renata Baleeiro "Contrato de trabalho doméstico", *in Revista do TRT da 5ª Região* n.12 de 1992.

Alice Monteiro de Barros publicou *Trabalho Doméstico*. São Paulo: LTr, 1998.

Rita Maria Carion Silvestre *Os empregados domésticos*. São Paulo: LTr, 1995.

Jouberto de Quadros Pessoa Cavalcante e Francisco Ferreira Jorge Neto "A dispensa da empregada doméstica gestante como obstativa de direitos" *in Sup. Trab. LTr* n. 79/00.

Orlando Teixeira Costa "Da profissão de empregado doméstico", *in Revisa do TRT da 8ª região*, 1976.

Roberto Davis *Aspectos jurídicos do Empregado Doméstico*, 1985.

José Janguiê Bezerra Diniz *Os Domésticos e seus Direitos antes e depois da Revisão Constitucional*. Brasília: Consulex, 1994.

Emílio Carlos Hacia Gonçalves *Direitos Sociais dos empregados domésticos*. 4. ed. São Paulo, LTr, 1996.

Carlos Moreira de Luca "O prazo de prescrição e direitos assegurados aos Empregados Domésticos", São Paulo, *Revista LTr* n. 53, 1989.

Sérgio Pinto Martins "Empregado Doméstico – Questões Polêmicas" in *Sup. IOB*, 1995 e *Manual do trabalho doméstico*. Malheiros, 1996.

Rejane Caiado Fleury *A polêmica sobre a faculdade de acesso ao FGTS e ao Seguro--Desemprego para empregados domésticos*. Genesis, 2000.

Lidia Matico Nakagawa, Neusa Maria Corona e Neusa Maruno *Conheça tudo sobre empregado doméstico*. 2. ed. São Paulo: LTr, 1996.

Sonia Aparecida Costa Nascimento "Representação do Empregado Doméstico na Audiência" *in Revista do TST*, 1984.

Antonio Carlos de Oliveira "O conceito de empregado doméstico", jornal do *IV Congresso Brasileiro de Direito Individual*, LTr, 1996.

Florisceno Paixão *O empregado doméstico em Perguntas e Respostas*. 4. ed. Síntese, 1993.

José Augusto Rodrigues Pinto "Direitos sociais do empregado doméstico". *Jornal da Tarde* de 30 out. 1988.

Roberto Barretto Prado "Prescrição das ações propostas pelo empregado doméstico". *Revista LTr* n. 54, 1990.

Eduardo Gabriel Saad "Vigilante noturno de rua residencial", in *Sup. Trab. LTr* n. 158/96.

Octacílio P. Silva *Empregado doméstico*. São Paulo: LTr, 1994.

João Regis Fassbender *Trabalho doméstico*. Editora Juruá, 1992.

Luiz Fernando Zakarewicz, Uarian Ferreira e Habib T. Badião *Manual Prático do Empregado doméstico*. Brasília: Consulex, 1996.

Fabio Zambitte Ibrahim teceu considerações sobre *A nova disciplina dos empregados domésticos com o advento da LC n. 150/15*. (colhido em 12 jun. 2015 na internet)

Tecemos considerações sobre a filiação, a inscrição e as contribuições em nosso *Comentários à Lei Básica da Previdência Social*. 8. ed. São Paulo: LTr, 2009. Tomo II, p. 86.

Capítulo 90 — Conclusões Derradeiras

A LC n. 150/15 é lei orgânica e geral, sendo especial em relação ao PCSS e PBPS. Em si mesma ela é boa e vai melhorar a situação do doméstico no relacionamento diuturno com as famílias.

Sua proletarização parece fenômeno não pontual, ainda que indesejado, mas destinado a perpetuar-se. Assim são as coisas... Muitos domésticos deverão ser agregados familiares e se tornarão empregados e a relação resultará apenas jurídica, com o indigitado toma lá dá cá. O que é uma pena.

Num primeiro momento as pessoas e as famílias não vão acolher os seus mandamentos e tentarão conviver como era antes, mas aos poucos se deterão e refletirão sobre a necessidade de valorizar social, pessoal e pecuniariamente essa atividade. Ou então, elas próprias terão de fazer o pesado serviço doméstico.

Muitos dispensarão as serviçais ou as substituirão por faxineiras, todavia o tempo lhes ensinará que devem compartilhar com as domésticas os seus recursos. O futuro lhes dirá que o serviço doméstico é importante e carece ser muito respeitado pelo legislador e pelos usuários.

Psicologicamente, não sabendo que fazer isso em cada caso, os magistrados tenderão ao *in dubio pro misero* e vão favorecer os reclamantes.

O certo parece ser compartilhar a norma jurídica com a aceitação de que o obreiro é parte da família.

Apêndice

Lei Complementar n. 150/15

A PRESIDENTA DA REPÚBLICA Faço saber que o Congresso Nacional decreta e eu sanciono a seguinte Lei Complementar:

CAPÍTULO I

DO CONTRATO DE TRABALHO DOMÉSTICO

Art. 1º Ao empregado doméstico, assim considerado aquele que presta serviços de forma contínua, subordinada, onerosa e pessoal e de finalidade não lucrativa à pessoa ou à família, no âmbito residencial destas, por mais de 2 (dois) dias por semana, aplica-se o disposto nesta Lei.

Parágrafo único. É vedada a contratação de menor de 18 (dezoito) anos para desempenho de trabalho doméstico, de acordo com a Convenção n. 182, de 1999, da Organização Internacional do Trabalho (OIT) e com o Decreto n. 6.481, de 12 de junho de 2008.

Art. 2º A duração normal do trabalho doméstico não excederá 8 (oito) horas diárias e 44 (quarenta e quatro) semanais, observado o disposto nesta Lei.

§ 1º A remuneração da hora extraordinária será, no mínimo, 50% (cinquenta por cento) superior ao valor da hora normal.

§ 2º O salário-hora normal, em caso de empregado mensalista, será obtido dividindo-se o salário mensal por 220 (duzentas e vinte) horas, salvo se o contrato estipular jornada mensal inferior que resulte em divisor diverso.

§ 3º O salário-dia normal, em caso de empregado mensalista, será obtido dividindo-se o salário mensal por 30 (trinta) e servirá de base para pagamento do repouso remunerado e dos feriados trabalhados.

§ 4º Poderá ser dispensado o acréscimo de salário e instituído regime de compensação de horas, mediante acordo escrito entre empregador e empregado, se o excesso de horas de um dia for compensado em outro dia.

§ 5º No regime de compensação previsto no § 4º:

I – será devido o pagamento, como horas extraordinárias, na forma do § 1º, das primeiras 40 (quarenta) horas mensais excedentes ao horário normal de trabalho;

II – das 40 (quarenta) horas referidas no inciso I, poderão ser deduzidas, sem o correspondente pagamento, as horas não trabalhadas, em função de redução do horário normal de trabalho ou de dia útil não trabalhado, durante o mês;

III – o saldo de horas que excederem as 40 (quarenta) primeiras horas mensais de que trata o inciso I, com a dedução prevista no inciso II, quando for o caso, será compensado no período máximo de 1 (um) ano.

§ 6º Na hipótese de rescisão do contrato de trabalho sem que tenha havido a compensação integral da jornada extraordinária, na forma do § 5º, o empregado fará jus ao pagamento das horas extras não compensadas, calculadas sobre o valor da remuneração na data de rescisão.

§ 7º Os intervalos previstos nesta Lei, o tempo de repouso, as horas não trabalhadas, os feriados e os domingos livres em que o empregado que mora no local de trabalho nele permaneça não serão computados como horário de trabalho.

§ 8º O trabalho não compensado prestado em domingos e feriados deve ser pago em dobro, sem prejuízo da remuneração relativa ao repouso semanal.

Art. 3º Considera-se trabalho em regime de tempo parcial aquele cuja duração não exceda 25 (vinte e cinco) horas semanais.

§ 1º O salário a ser pago ao empregado sob regime de tempo parcial será proporcional a sua jornada, em relação ao empregado que cumpre, nas mesmas funções, tempo integral.

§ 2º A duração normal do trabalho do empregado em regime de tempo parcial poderá ser acrescida de horas suplementares, em número não excedente a 1 (uma) hora diária, mediante acordo escrito entre empregador e empregado, aplicando-se-lhe, ainda, o disposto nos §§ 2º e 3º do art. 2º, com o limite máximo de 6 (seis) horas diárias.

§ 3º Na modalidade do regime de tempo parcial, após cada período de 12 (doze) meses de vigência do contrato de trabalho, o empregado terá direito a férias, na seguinte proporção:

I – 18 (dezoito) dias, para a duração do trabalho semanal superior a 22 (vinte e duas) horas, até 25 (vinte e cinco) horas;

II – 16 (dezesseis) dias, para a duração do trabalho semanal superior a 20 (vinte) horas, até 22 (vinte e duas) horas;

III – 14 (quatorze) dias, para a duração do trabalho semanal superior a 15 (quinze) horas, até 20 (vinte) horas;

IV – 12 (doze) dias, para a duração do trabalho semanal superior a 10 (dez) horas, até 15 (quinze) horas;

V – 10 (dez) dias, para a duração do trabalho semanal superior a 5 (cinco) horas, até 10 (dez) horas;

VI – 8 (oito) dias, para a duração do trabalho semanal igual ou inferior a 5 (cinco) horas.

Art. 4º É facultada a contratação, por prazo determinado, do empregado doméstico:

I – mediante contrato de experiência;

II – para atender necessidades familiares de natureza transitória e para substituição temporária de empregado doméstico com contrato de trabalho interrompido ou suspenso.

Parágrafo único. No caso do inciso II deste artigo, a duração do contrato de trabalho é limitada ao término do evento que motivou a contratação, obedecido o limite máximo de 2 (dois) anos.

Art. 5º O contrato de experiência não poderá exceder 90 (noventa) dias.

§ 1º O contrato de experiência poderá ser prorrogado 1 (uma) vez, desde que a soma dos 2 (dois) períodos não ultrapasse 90 (noventa) dias.

§ 2º O contrato de experiência que, havendo continuidade do serviço, não for prorrogado após o decurso de seu prazo previamente estabelecido ou que ultrapassar o período de 90 (noventa) dias passará a vigorar como contrato de trabalho por prazo indeterminado.

Art. 6º Durante a vigência dos contratos previstos nos incisos I e II do art. 4º, o empregador que, sem justa causa, despedir o empregado é obrigado a pagar-lhe, a título de indenização, metade da remuneração a que teria direito até o termo do contrato.

Art. 7º Durante a vigência dos contratos previstos nos incisos I e II do art. 4º, o empregado não poderá se desligar do contrato sem justa causa, sob pena de ser obrigado a indenizar o empregador dos prejuízos que desse fato lhe resultarem.

Parágrafo único. A indenização não poderá exceder aquela a que teria direito o empregado em idênticas condições.

Art. 8º Durante a vigência dos contratos previstos nos incisos I e II do art. 4º, não será exigido aviso-prévio.

Art. 9º A Carteira de Trabalho e Previdência Social será obrigatoriamente apresentada, contra recibo, pelo empregado ao empregador que o admitir, o qual terá o prazo de 48 (quarenta e oito) horas para nela anotar, especificamente, a data de admissão, a remuneração e, quando for o caso, os contratos previstos nos incisos I e II do art. 4º.

Art. 10. É facultado às partes, mediante acordo escrito entre essas, estabelecer horário de trabalho de 12 (doze) horas seguidas por 36 (trinta e seis) horas ininterruptas de descanso, observados ou indenizados os intervalos para repouso e alimentação.

§ 1º A remuneração mensal pactuada pelo horário previsto no *caput* deste artigo abrange os pagamentos devidos pelo descanso semanal remunerado e pelo descanso em feriados, e serão considerados compensados os feriados e as prorrogações de trabalho noturno, quando houver, de que tratam o art. 70 e o § 5º do art. 73 da Consolidação das Leis do Trabalho (CLT), aprovada pelo Decreto-lei n. 5.452, de 1º de maio de 1943, e o art. 9º da Lei n. 605, de 5 de janeiro de 1949.

§ 2º Os efeitos do disposto no *caput* e no § 1º deste artigo também se aplicam as atividades desempenhadas pelos empregados enquadrados na Lei n. 7.102, de 20 de junho de 1983, e às demais atividades que por sua natureza indispensável possuam o mesmo regime de horário (VETADO).

Art. 11. Em relação ao empregado responsável por acompanhar o empregador prestando serviços em viagem, serão consideradas apenas as horas efetivamente trabalhadas no período, podendo ser compensadas as horas extraordinárias em outro dia, observado o art. 2º.

§ 1º O acompanhamento do empregador pelo empregado em viagem será condicionado à prévia existência de acordo escrito entre as partes.

§ 2º A remuneração-hora do serviço em viagem será, no mínimo, 25% (vinte e cinco por cento) superior ao valor do salário-hora normal.

§ 3º O disposto no § 2º deste artigo poderá ser, mediante acordo, convertido em acréscimo no banco de horas, a ser utilizado a critério do empregado.

Art. 12. É obrigatório o registro do horário de trabalho do empregado doméstico por qualquer meio manual, mecânico ou eletrônico, desde que idôneo.

Art. 13. É obrigatória a concessão de intervalo para repouso ou alimentação pelo período de, no mínimo, 1 (uma) hora e, no máximo, 2 (duas) horas, admitindo-se, mediante prévio acordo escrito entre empregador e empregado, sua redução a 30 (trinta) minutos.

§ 1º Caso o empregado resida no local de trabalho, o período de intervalo poderá ser desmembrado em 2 (dois) períodos, desde que cada um deles tenha, no mínimo, 1 (uma) hora, até o limite de 4 (quatro) horas ao dia.

§ 2º Em caso de modificação do intervalo, na forma do § 1º, é obrigatória a sua anotação no registro diário de horário, vedada sua prenotação.

Art. 14. Considera-se noturno, para os efeitos desta Lei, o trabalho executado entre as 22 horas de um dia e as 5 horas do dia seguinte.

§ 1º A hora de trabalho noturno terá duração de 52 (cinquenta e dois) minutos e 30 (trinta) segundos.

§ 2º A remuneração do trabalho noturno deve ter acréscimo de, no mínimo, 20% (vinte por cento) sobre o valor da hora diurna.

§ 3º Em caso de contratação, pelo empregador, de empregado exclusivamente para desempenhar trabalho noturno, o acréscimo será calculado sobre o salário anotado na Carteira de Trabalho e Previdência Social.

§ 4º Nos horários mistos, assim entendidos os que abrangem períodos diurnos e noturnos, aplica-se às horas de trabalho noturno o disposto neste artigo e seus parágrafos.

Art. 15. Entre 2 (duas) jornadas de trabalho deve haver período mínimo de 11 (onze) horas consecutivas para descanso.

Art. 16. É devido ao empregado doméstico descanso semanal remunerado de, no mínimo, 24 (vinte e quatro) horas consecutivas, preferencialmente aos domingos, além de descanso remunerado em feriados.

Art. 17. O empregado doméstico terá direito a férias anuais remuneradas de 30 (trinta) dias, salvo o disposto no § 3º do art. 3º, com acréscimo de, pelo menos, um terço do salário normal, após cada período de 12 (doze) meses de trabalho prestado à mesma pessoa ou família.

§ 1º Na cessação do contrato de trabalho, o empregado, desde que não tenha sido demitido por justa causa, terá direito à remuneração relativa ao período incompleto de férias, na proporção de um doze avos por mês de serviço ou fração superior a 14 (quatorze) dias.

§ 2º O período de férias poderá, a critério do empregador, ser fracionado em até 2 (dois) períodos, sendo 1 (um) deles de, no mínimo, 14 (quatorze) dias corridos.

§ 3º É facultado ao empregado doméstico converter um terço do período de férias a que tiver direito em abono pecuniário, no valor da remuneração que lhe seria devida nos dias correspondentes.

§ 4º O abono de férias deverá ser requerido até 30 (trinta) dias antes do término do período aquisitivo.

§ 5º É lícito ao empregado que reside no local de trabalho nele permanecer durante as férias.

§ 6º As férias serão concedidas pelo empregador nos 12 (doze) meses subsequentes à data em que o empregado tiver adquirido o direito.

Art. 18. É vedado ao empregador doméstico efetuar descontos no salário do empregado por fornecimento de alimentação, vestuário, higiene ou moradia, bem como por despesas com transporte, hospedagem e alimentação em caso de acompanhamento em viagem.

§ 1º É facultado ao empregador efetuar descontos no salário do empregado em caso de adiantamento salarial e, mediante acordo escrito entre as partes, para a inclusão do empregado em planos de assistência médico-hospitalar e odontológica, de seguro e de previdência privada, não podendo a dedução ultrapassar 20% (vinte por cento) do salário.

§ 2º Poderão ser descontadas as despesas com moradia de que trata o *caput* deste artigo quando essa se referir a local diverso da residência em que ocorrer a prestação de serviço, desde que essa possibilidade tenha sido expressamente acordada entre as partes.

§ 3º As despesas referidas no *caput* deste artigo não têm natureza salarial nem se incorporam à remuneração para quaisquer efeitos.

§ 4º O fornecimento de moradia ao empregado doméstico na própria residência ou em morada anexa, de qualquer natureza, não gera ao empregado qualquer direito de posse ou de propriedade sobre a referida moradia.

Art. 19. Observadas as peculiaridades do trabalho doméstico, a ele também se aplicam as Leis n. 605, de 5 de janeiro de 1949, n. 4.090, de 13 de julho de 1962, n. 4.749, de 12 de agosto de 1965, e n. 7.418, de 16 de dezembro de 1985, e, subsidiariamente, a Consolidação das Leis do Trabalho (CLT), aprovada pelo Decreto-lei n. 5.452, de 1º de maio de 1943.

Parágrafo único. A obrigação prevista no art. 4º da Lei n. 7.418, de 16 de dezembro de 1985, poderá ser substituída, a critério do empregador, pela concessão, mediante recibo, dos valores para a aquisição das passagens necessárias ao custeio das despesas decorrentes do deslocamento residência-trabalho e vice-versa.

Art. 20. O empregado doméstico é segurado obrigatório da Previdência Social, sendo-lhe devidas, na forma da Lei n. 8.213, de 24 de julho de 1991, as prestações nela arroladas, atendido o disposto nesta Lei e observadas as características especiais do trabalho doméstico.

Art. 21. É devida a inclusão do empregado doméstico no Fundo de Garantia do Tempo de Serviço (FGTS), na forma do regulamento a ser editado pelo Conselho Curador e pelo agente operador do FGTS, no âmbito de suas competências, conforme disposto nos arts. 5º e 7º da Lei n. 8.036, de 11 de maio de 1990, inclusive no que tange aos aspectos técnicos de depósitos, saques, devolução de valores e emissão de extratos, entre outros determinados na forma da lei.

Parágrafo único. O empregador doméstico somente passará a ter obrigação de promover a inscrição e de efetuar os recolhimentos referentes a seu empregado após a entrada em vigor do regulamento referido no *caput*.

Art. 22. O empregador doméstico depositará a importância de 3,2% (três inteiros e dois décimos por cento) sobre a remuneração devida, no mês anterior, a cada empregado, destinada ao pagamento da indenização compensatória da perda do emprego, sem justa causa ou por culpa do empregador, não se aplicando ao empregado doméstico o disposto nos §§ 1º a 3º do art. 18 da Lei n. 8.036, de 11 de maio de 1990.

§ 1º Nas hipóteses de dispensa por justa causa ou a pedido, de término do contrato de trabalho por prazo determinado, de aposentadoria e de falecimento do empregado doméstico, os valores previstos no *caput* serão movimentados pelo empregador.

§ 2º Na hipótese de culpa recíproca, metade dos valores previstos no *caput* será movimentada pelo empregado, enquanto a outra metade será movimentada pelo empregador.

§ 3º Os valores previstos no *caput* serão depositados na conta vinculada do empregado, em variação distinta daquela em que se encontrarem os valores oriundos dos depósitos de que trata o inciso IV do art. 34 desta Lei, e somente poderão ser movimentados por ocasião da rescisão contratual.

§ 4º À importância monetária de que trata o *caput*, aplicam-se as disposições da Lei n. 8.036, de 11 de maio de 1990, e da Lei n. 8.844, de 20 de janeiro de 1994, inclusive quanto a sujeição passiva e equiparações, prazo de recolhimento, administração, fiscalização, lançamento, consulta, cobrança, garantias, processo administrativo de determinação e exigência de créditos tributários federais.

Art. 23. Não havendo prazo estipulado no contrato, a parte que, sem justo motivo, quiser rescindi-lo deverá avisar a outra de sua intenção.

§ 1º O aviso-prévio será concedido na proporção de 30 (trinta) dias ao empregado que conte com até 1 (um) ano de serviço para o mesmo empregador.

§ 2º Ao aviso-prévio previsto neste artigo, devido ao empregado, serão acrescidos 3 (três) dias por ano de serviço prestado para o mesmo empregador, até o máximo de 60 (sessenta) dias, perfazendo um total de até 90 (noventa) dias.

§ 3º A falta de aviso-prévio por parte do empregador dá ao empregado o direito aos salários correspondentes ao prazo do aviso, garantida sempre a integração desse período ao seu tempo de serviço.

§ 4º A falta de aviso-prévio por parte do empregado dá ao empregador o direito de descontar os salários correspondentes ao prazo respectivo.

§ 5º O valor das horas extraordinárias habituais integra o aviso-prévio indenizado.

Art. 24. O horário normal de trabalho do empregado durante o aviso-prévio, quando a rescisão tiver sido promovida pelo empregador, será reduzido de 2 (duas) horas diárias, sem prejuízo do salário integral.

Parágrafo único. É facultado ao empregado trabalhar sem a redução das 2 (duas) horas diárias previstas no *caput* deste artigo, caso em que poderá faltar ao serviço, sem prejuízo do salário integral, por 7 (sete) dias corridos, na hipótese dos §§ 1º e 2º do art. 23.

Art. 25. A empregada doméstica gestante tem direito a licença-maternidade de 120 (cento e vinte) dias, sem prejuízo do emprego e do salário, nos termos da Seção V do Capítulo III do Título III da Consolidação das Leis do Trabalho (CLT), aprovada pelo Decreto-lei n. 5.452, de 1º de maio de 1943.

Parágrafo único. A confirmação do estado de gravidez durante o curso do contrato de trabalho, ainda que durante o prazo do aviso-prévio trabalhado ou indenizado, garante à empregada gestante a estabilidade provisória prevista na alínea *"b"* do inciso II do art. 10 do Ato das Disposições Constitucionais Transitórias.

Art. 26. O empregado doméstico que for dispensado sem justa causa fará jus ao benefício do seguro-desemprego, na forma da Lei n. 7.998, de 11 de janeiro de 1990, no valor de 1 (um) salário-mínimo, por período máximo de 3 (três) meses, de forma contínua ou alternada.

§ 1º O benefício de que trata o *caput* será concedido ao empregado nos termos do regulamento do Conselho Deliberativo do Fundo de Amparo ao Trabalhador (Codefat).

§ 2º O benefício do seguro-desemprego será cancelado, sem prejuízo das demais sanções cíveis e penais cabíveis:

I – pela recusa, por parte do trabalhador desempregado, de outro emprego condizente com sua qualificação registrada ou declarada e com sua remuneração anterior;

II – por comprovação de falsidade na prestação das informações necessárias à habilitação;

III – por comprovação de fraude visando à percepção indevida do benefício do seguro-desemprego; ou

IV – por morte do segurado.

Art. 27. Considera-se justa causa para os efeitos desta Lei:

I – submissão a maus tratos de idoso, de enfermo, de pessoa com deficiência ou de criança sob cuidado direto ou indireto do empregado;

II – prática de ato de improbidade;

III – incontinência de conduta ou mau procedimento;

IV – condenação criminal do empregado transitada em julgado, caso não tenha havido suspensão da execução da pena;

V – desídia no desempenho das respectivas funções;

VI – embriaguez habitual ou em serviço;

VII – violação de fato ou de circunstância íntima do empregador doméstico ou de sua família (VETADO);

VIII – ato de indisciplina ou de insubordinação;

IX – abandono de emprego, assim considerada a ausência injustificada ao serviço por, pelo menos, 30 (trinta) dias corridos;

X – ato lesivo à honra ou à boa fama ou ofensas físicas praticadas em serviço contra qualquer pessoa, salvo em caso de legítima defesa, própria ou de outrem;

XI – ato lesivo à honra ou à boa fama ou ofensas físicas praticadas contra o empregador doméstico ou sua família, salvo em caso de legítima defesa, própria ou de outrem;

XII – prática constante de jogos de azar.

Parágrafo único. O contrato de trabalho poderá ser rescindido por culpa do empregador quando:

I – o empregador exigir serviços superiores às forças do empregado doméstico, defesos por lei, contrários aos bons costumes ou alheios ao contrato;

II – o empregado doméstico for tratado pelo empregador ou por sua família com rigor excessivo ou de forma degradante;

III – o empregado doméstico correr perigo manifesto de mal considerável;

IV – o empregador não cumprir as obrigações do contrato;

V – o empregador ou sua família praticar, contra o empregado doméstico ou pessoas de sua família, ato lesivo à honra e à boa fama;

VI – o empregador ou sua família ofender o empregado doméstico ou sua família fisicamente, salvo em caso de legítima defesa, própria ou de outrem;

VII – o empregador praticar qualquer das formas de violência doméstica ou familiar contra mulheres de que trata o art. 5º da Lei n. 11.340, de 7 de agosto de 2006.

Art. 28. Para se habilitar ao benefício do seguro-desemprego, o trabalhador doméstico deverá apresentar ao órgão competente do Ministério do Trabalho e Emprego:

I – Carteira de Trabalho e Previdência Social, na qual deverão constar a anotação do contrato de trabalho doméstico e a data de dispensa, de modo a comprovar o vínculo empregatício, como empregado doméstico, durante pelo menos 15 (quinze) meses nos últimos 24 (vinte e quatro) meses;

II – termo de rescisão do contrato de trabalho;

III – declaração de que não está em gozo de benefício de prestação continuada da Previdência Social, exceto auxílio-acidente e pensão por morte; e

IV – declaração de que não possui renda própria de qualquer natureza suficiente à sua manutenção e de sua família.

Art. 29. O seguro-desemprego deverá ser requerido de 7 (sete) a 90 (noventa) dias contados da data de dispensa.

Art. 30. Novo seguro-desemprego só poderá ser requerido após o cumprimento de novo período aquisitivo, cuja duração será definida pelo Codefat.

CAPÍTULO II

DO SIMPLES DOMÉSTICO

Art. 31. É instituído o regime unificado de pagamento de tributos, de contribuições e dos demais encargos do empregador doméstico (Simples Doméstico), que deverá ser regulamentado no prazo de 120 (cento e vinte) dias a contar da data de entrada em vigor desta Lei.

Art. 32. A inscrição do empregador e a entrada única de dados cadastrais e de informações trabalhistas, previdenciárias e fiscais no âmbito do Simples Doméstico dar-se-ão mediante registro em sistema eletrônico a ser disponibilizado em portal na internet, conforme regulamento.

Parágrafo único. A impossibilidade de utilização do sistema eletrônico será objeto de regulamento, a ser editado pelo Ministério da Fazenda e pelo agente operador do FGTS.

Art. 33. O Simples Doméstico será disciplinado por ato conjunto dos Ministros de Estado da Fazenda, da Previdência Social e do Trabalho e Emprego que disporá sobre a apuração, o recolhimento e a distribuição dos recursos recolhidos por meio do Simples Doméstico, observadas as disposições do art. 21 desta Lei.

§ 1º O ato conjunto a que se refere o *caput* deverá dispor também sobre o sistema eletrônico de registro das obrigações trabalhistas, previdenciárias e fiscais e sobre o cálculo e o recolhimento dos tributos e encargos trabalhistas vinculados ao Simples Doméstico.

§ 2º As informações prestadas no sistema eletrônico de que trata o § 1º:

I – têm caráter declaratório, constituindo instrumento hábil e suficiente para a exigência dos tributos e encargos trabalhistas delas resultantes e que não tenham sido recolhidos no prazo consignado para pagamento; e

II – deverão ser fornecidas até o vencimento do prazo para pagamento dos tributos e encargos trabalhistas devidos no Simples Doméstico em cada mês, relativamente aos fatos geradores ocorridos no mês anterior.

§ 3º O sistema eletrônico de que trata o § 1º deste artigo e o sistema de que trata o *caput* do art. 32 substituirão, na forma regulamentada pelo ato conjunto previsto no *caput*, a obrigatoriedade de entrega de todas as informações, formulários e declarações a que estão sujeitos os empregadores domésticos, inclusive os relativos ao recolhimento do FGTS.

Art. 34. O Simples Doméstico assegurará o recolhimento mensal, mediante documento único de arrecadação, dos seguintes valores:

I – 8% (oito por cento) a 11% (onze por cento) de contribuição previdenciária, a cargo do segurado empregado doméstico, nos termos do art. 20 da Lei n. 8.212, de 24 de julho de 1991;

II – 8% (oito por cento) de contribuição patronal previdenciária para a seguridade social, a cargo do empregador doméstico, nos termos do art. 24 da Lei n. 8.212, de 24 de julho de 1991;

III – 0,8% (oito décimos por cento) de contribuição social para financiamento do seguro contra acidentes do trabalho;

IV – 8% (oito por cento) de recolhimento para o FGTS;

V – 3,2% (três inteiros e dois décimos por cento), na forma do art. 22 desta Lei; e

VI – imposto sobre a renda retido na fonte de que trata o inciso I do art. 7º da Lei n. 7.713, de 22 de dezembro de 1988, se incidente.

§ 1º As contribuições, os depósitos e o imposto arrolados nos incisos I a VI incidem sobre a remuneração paga ou devida no mês anterior, a cada empregado, incluída na remuneração a gratificação de Natal a que se refere a Lei n. 4.090, de 13 de julho de 1962, e a Lei n. 4.749, de 12 de agosto de 1965.

§ 2º A contribuição e o imposto previstos nos incisos I e VI do *caput* deste artigo serão descontados da remuneração do empregado pelo empregador, que é responsável por seu recolhimento.

§ 3º O produto da arrecadação das contribuições, dos depósitos e do imposto de que trata o *caput* será centralizado na Caixa Econômica Federal.

§ 4º A Caixa Econômica Federal, com base nos elementos identificadores do recolhimento, disponíveis no sistema de que trata o § 1º do art. 33, transferirá para a Conta Única do Tesouro Nacional o valor arrecadado das contribuições e do imposto previstos nos incisos I, II, III e VI do *caput*.

§ 5º O recolhimento de que trata o *caput* será efetuado em instituições financeiras integrantes da rede arrecadadora de receitas federais.

§ 6º O empregador fornecerá, mensalmente, ao empregado doméstico cópia do documento previsto no *caput*.

§ 7º O recolhimento mensal, mediante documento único de arrecadação, e a exigência das contribuições, dos depósitos e do imposto, nos valores definidos nos incisos I a VI do *caput*, somente serão devidos após 120 (cento e vinte) dias da data de publicação desta Lei.

Art. 35. O empregador doméstico é obrigado a pagar a remuneração devida ao empregado doméstico e a arrecadar e a recolher a contribuição prevista no inciso I do art. 34, assim como a arrecadar e a recolher as contribuições, os depósitos e o imposto a seu cargo discriminados nos incisos II, III, IV, V e VI do *caput* do art. 34, até o dia 7 do mês seguinte ao da competência.

§ 1º Os valores previstos nos incisos I, II, III e VI do *caput* do art. 34 não recolhidos até a data de vencimento sujeitar-se-ão à incidência de encargos legais na forma prevista na legislação do imposto sobre a renda.

§ 2º Os valores previstos nos incisos IV e V, referentes ao FGTS, não recolhidos até a data de vencimento serão corrigidos e terão a incidência da respectiva multa, conforme a Lei n. 8.036, de 11 de maio de 1990.

CAPÍTULO III
DA LEGISLAÇÃO PREVIDENCIÁRIA E TRIBUTÁRIA

Art. 36. O inciso V do art. 30 da Lei n. 8.212, de 24 de julho de 1991, passa a vigorar com a seguinte redação:

"Art. 30 (...)

V – o empregador doméstico é obrigado a arrecadar e a recolher a contribuição do segurado empregado a seu serviço, assim como a parcela a seu cargo, até o dia 7 do mês seguinte ao da competência;"

Art. 37. A Lei n. 8.213, de 24 de julho de 1991, passa a vigorar com as seguintes alterações:

"Art.18 (...)

§ 1º Somente poderão beneficiar-se do auxílio-acidente os segurados incluídos nos incisos I, II, VI e VII do art. 11 desta Lei."

"Art. 19. Acidente do trabalho é o que ocorre pelo exercício do trabalho a serviço de empresa ou de empregador doméstico ou pelo exercício do trabalho dos segurados referidos no inciso VII do art. 11 desta Lei, provocando lesão corporal ou perturbação funcional que cause a morte ou a perda ou redução, permanente ou temporária, da capacidade para o trabalho."

"Art. 21-A. A perícia médica do Instituto Nacional do Seguro Social (INSS) considerará caracterizada a natureza acidentária da incapacidade quando constatar ocorrência de nexo técnico epidemiológico entre o trabalho e o agravo, decorrente da relação entre a atividade da empresa ou do empregado doméstico e a entidade mórbida motivadora da incapacidade elencada na Classificação Internacional de Doenças (CID), em conformidade com o que dispuser o regulamento.

§ 2º A empresa ou o empregador doméstico poderão requerer a não aplicação do nexo técnico epidemiológico, de cuja decisão caberá recurso, com efeito suspensivo, da empresa, do empregador doméstico ou do segurado ao Conselho de Recursos da Previdência Social." (NR)

"Art. 22. A empresa ou o empregador doméstico deverão comunicar o acidente do trabalho à Previdência Social até o primeiro dia útil seguinte ao da ocorrência e, em caso de morte, de imediato, à autoridade competente, sob pena de multa variável entre o limite mínimo e o limite máximo do salário de contribuição, sucessivamente aumentada nas reincidências, aplicada e cobrada pela Previdência Social."

"Art. 27. Para cômputo do período de carência, serão consideradas as contribuições:

I – referentes ao período a partir da data de filiação ao Regime Geral de Previdência Social (RGPS), no caso dos segurados empregados, inclusive os domésticos, e dos trabalhadores avulsos;

II – realizadas a contar da data de efetivo pagamento da primeira contribuição sem atraso, não sendo consideradas para este fim as contribuições recolhidas com atraso referentes a competências anteriores, no caso dos segurados contribuinte individual, especial e facultativo, referidos, respectivamente, nos incisos V e VII do art. 11 e no art. 13." (NR)

"Art. 34. No cálculo do valor da renda mensal do benefício, inclusive o decorrente de acidente do trabalho, serão computados:

I – para o segurado empregado, inclusive o doméstico, e o trabalhador avulso, os salários de contribuição referentes aos meses de contribuições devidas, ainda que não recolhidas pela empresa ou pelo empregador doméstico, sem prejuízo da respectiva cobrança e da aplicação das penalidades cabíveis, observado o disposto no § 5º do art. 29-A;

II – para o segurado empregado, inclusive o doméstico, o trabalhador avulso e o segurado especial, o valor mensal do auxílio-acidente, considerado como salário de contribuição para fins de concessão de qualquer aposentadoria, nos termos do art. 31;"

"Art. 35. Ao segurado empregado, inclusive o doméstico, e ao trabalhador avulso que tenham cumprido todas as condições para a concessão do benefício pleiteado, mas não possam comprovar o valor de seus salários de contribuição no período básico de cálculo, será concedido o benefício de valor mínimo, devendo esta renda ser recalculada quando da apresentação de prova dos salários de contribuição." (NR)

"Art. 37. A renda mensal inicial, recalculada de acordo com o disposto no art. 35, deve ser reajustada como a dos benefícios correspondentes com igual data de início e substituirá, a partir da data do requerimento de revisão do valor do benefício, a renda mensal que prevalecia até então." (NR)

"Art. 38. Sem prejuízo do disposto no art. 35, cabe à Previdência Social manter cadastro dos segurados com todos os informes necessários para o cálculo da renda mensal dos benefícios." (NR)

"Art. 63. O segurado empregado, inclusive o doméstico, em gozo de auxílio-doença será considerado pela empresa e pelo empregador doméstico como licenciado."

"Art. 65. O salário-família será devido, mensalmente, ao segurado empregado, inclusive o doméstico, e ao segurado trabalhador avulso, na proporção do respectivo número de filhos ou equiparados nos termos do § 2º do art. 16 desta Lei, observado o disposto no art. 66."

"Art. 67 (...)

Parágrafo único. O empregado doméstico deve apresentar apenas a certidão de nascimento referida no *caput*." (NR)

"Art. 68. As cotas do salário-família serão pagas pela empresa ou pelo empregador doméstico, mensalmente, junto com o salário, efetivando-se a compensação quando do recolhimento das contribuições, conforme dispuser o Regulamento.

§ 1º A empresa ou o empregador doméstico conservarão durante 10 (dez) anos os comprovantes de pagamento e as cópias das certidões correspondentes, para fiscalização da Previdência Social."

Art. 38. O art. 70 da Lei n. 11.196, de 21 de novembro de 2005, passa a vigorar com a seguinte redação:

"Art. 70 (...)

I – (...)

d) até o dia 7 do mês subsequente ao mês de ocorrência dos fatos geradores, no caso de pagamento de rendimentos provenientes do trabalho assalariado a empregado doméstico; e e) até o último dia útil do segundo decêndio do mês subsequente ao mês de ocorrência dos fatos geradores, nos demais casos;"

CAPÍTULO IV

DO PROGRAMA DE RECUPERAÇÃO PREVIDENCIÁRIA DOS EMPREGADORES DOMÉSTICOS (REDOM)

Art. 39. É instituído o Programa de Recuperação Previdenciária dos Empregadores Domésticos (Redom), nos termos desta Lei.

Art. 40. Será concedido ao empregador doméstico o parcelamento dos débitos com o Instituto Nacional do Seguro Social (INSS) relativos à contribuição de que tratam os arts. 20 e 24 da Lei n. 8.212, de 24 de julho de 1991, com vencimento até 30 de abril de 2013.

§ 1º O parcelamento abrangerá todos os débitos existentes em nome do empregado e do empregador, na condição de contribuinte, inclusive débitos inscritos em dívida ativa, que poderão ser:

I – pagos com redução de 100% (cem por cento) das multas aplicáveis, de 60% (sessenta por cento) dos juros de mora e de 100% (cem por cento) sobre os valores dos encargos legais e advocatícios;

II – parcelados em até 120 (cento e vinte) vezes, com prestação mínima no valor de R$ 100,00 (cem reais).

§ 2º O parcelamento deverá ser requerido no prazo de 120 (cento e vinte) dias após a entrada em vigor desta Lei.

§ 3º A manutenção injustificada em aberto de 3 (três) parcelas implicará, após comunicação ao sujeito passivo, a imediata rescisão do parcelamento e, conforme o caso, o prosseguimento da cobrança.

§ 4º Na hipótese de rescisão do parcelamento com o cancelamento dos benefícios concedidos:

I – será efetuada a apuração do valor original do débito, com a incidência dos acréscimos legais, até a data de rescisão;

II – serão deduzidas do valor referido no inciso I deste parágrafo as parcelas pagas, com a incidência dos acréscimos legais, até a data de rescisão.

Art. 41. A opção pelo Redom sujeita o contribuinte a:

I – confissão irrevogável e irretratável dos débitos referidos no art. 40;

II – aceitação plena e irretratável de todas as condições estabelecidas;

III – pagamento regular das parcelas do débito consolidado, assim como das contribuições com vencimento posterior a 30 de abril de 2013.

CAPÍTULO V

DISPOSIÇÕES GERAIS

Art. 42. É de responsabilidade do empregador o arquivamento de documentos comprobatórios do cumprimento das obrigações fiscais, trabalhistas e previdenciárias, enquanto essas não prescreverem.

Art. 43. O direito de ação quanto a créditos resultantes das relações de trabalho prescreve em 5 (cinco) anos até o limite de 2 (dois) anos após a extinção do contrato de trabalho.

Art. 44. A Lei n. 10.593, de 6 de dezembro de 2002, passa a vigorar acrescida do seguinte art. 11-A:

"Art. 11-A. A verificação, pelo Auditor-Fiscal do Trabalho, do cumprimento das normas que regem o trabalho do empregado doméstico, no âmbito do domicílio do empregador, dependerá de agendamento e de entendimento prévios entre a fiscalização e o empregador.

§ 1º A fiscalização deverá ter natureza prioritariamente orientadora.

§ 2º Será observado o critério de dupla visita para lavratura de auto de infração, salvo quando for constatada infração por falta de anotação na Carteira de Trabalho e Previdência Social ou, ainda, na ocorrência de reincidência, fraude, resistência ou embaraço à fiscalização.

§ 3º Durante a inspeção do trabalho referida no *caput*, o Auditor-Fiscal do Trabalho far-se-á acompanhar pelo empregador ou por alguém de sua família por este designado."

Art. 45. As matérias tratadas nesta Lei Complementar que não sejam reservadas constitucionalmente a lei complementar poderão ser objeto de alteração por lei ordinária.

Art. 46. Revogam-se o inciso I do art. 3º da Lei n. 8.009, de 29 de março de 1990, e a Lei n. 5.859, de 11 de dezembro de 1972.

Art. 47. Esta Lei entra em vigor na data de sua publicação.

Brasília, 1º de junho de 2015; 194º da Independência e 127º da República.

DILMA ROUSSEFF

Marivaldo de Castro Pereira

Tarcísio José Massote de Godoy

Manoel Dias

Carlos Eduardo Gabas

Miguel Rossetto

Giovanni Benigno Pierre da Conceição Harvey

Eleonora Menicucci de Oliveira

Lei n. 5.859, de 11 de dezembro de 1972

O PRESIDENTE DA REPÚBLICA,

Faço saber que o CONGRESSO NACIONAL decreta e eu sanciono a seguinte Lei:

Art. 1º Ao empregado doméstico, assim considerado aquele que presta serviços de natureza contínua e de finalidade não lucrativa à pessoa ou à família no âmbito residencial destas, aplica-se o disposto nesta lei.

Art. 2º Para admissão ao emprego deverá o empregado doméstico apresentar:

I - Carteira de Trabalho e Previdência Social;

II – Atestado de boa conduta;

III – Atestado de saúde, a critério do empregador.

Art. 3º O empregado doméstico terá direito a férias anuais remuneradas de 20 (vinte) dias úteis, após cada período de 12 (doze) meses de trabalho, prestado à mesma pessoa ou família.

Art. 4º Aos empregados domésticos são assegurados os benefícios e serviços da Lei Orgânica da Previdência Social, na qualidade de segurados obrigatórios.

Art. 5º Os recursos para o custeio do plano de prestações provirão das contribuições abaixo, a serem recolhidas pelo empregador até o último dia do mês seguinte àquele a que se referirem e incidentes sobre o valor do salário-mínimo da região:

I - 8% (oito por cento) do empregador;

II – 8% (oito por cento) do empregado doméstico.

Parágrafo único. A falta do recolhimento, na época própria das contribuições previstas neste artigo, sujeitará o responsável ao pagamento do juro moratório de 1% (um por cento) ao mês, além da multa variável de 10% (dez por cento) a 50% (cinquenta por cento) do valor do débito.

Art. 6º Não serão devidas quaisquer das contribuições discriminadas nos itens II a VII da Tabela constante do art. 3º do Decreto n. 60.466, de 14 de março de 1967.

Art. 7º Esta Lei será regulamentada no prazo de 90 (noventa) dias vigorando 30 (trinta) dias após a publicação do seu regulamento.

Art. 8º Revogam-se as disposições em contrário.

Brasília, 11 de dezembro de 1972; 151º da Independência e 84º da República.

EMÍLIO G. MÉDICI

Júlio Barata

Decreto n. 71.885/73

Aprova o Regulamento da Lei n. 5.859, de 11 de dezembro de 1972, que dispõe sobre a profissão de empregado doméstico, e dá outras providências.

O PRESIDENTE DA REPÚBLICA, usando da atribuição que lhe confere o art. 81, item III, da Constituição, e tendo em vista o disposto no art. 7º da Lei n. 5.859, de 11 de dezembro de 1972.

DECRETA:

Art. 1º São assegurados aos empregados domésticos os benefícios e serviços da Lei Orgânica da Previdência Social, na **conformidade da.**

Art. 2º Excetuando o Capítulo referente a férias, não se aplicam aos empregados domésticos as demais disposições da Consolidação das Leis do Trabalho.

Parágrafo único. As divergências entre empregador doméstico relativas a férias e anotação na Carteira de Trabalho e Previdência Social, ressalvada a competência da Justiça do Trabalho, serão dirimidas pela Delegacia Regional do Trabalho.

Art. 3º Para os fins constantes da Lei n. 5.859, de 11 de dezembro de 1972, considera-se:

I – empregado doméstico aquele que presta serviços de natureza contínua e de finalidade não lucrativa à pessoa ou a família, no âmbito residencial destas.

II – empregador doméstico a pessoa ou família que admita a seu serviço empregado doméstico.

Art. 4º O empregado doméstico ao ser admitido no emprego, deverá apresentar os seguintes documentos:

I – Carteira de Trabalho e Previdência Social.

II – Atestado de Boa Conduta emitido por autoridade policial, ou por pessoa idônea, a juízo do empregador.

III – Atestado de Saúde, subscrito por autoridade médica responsável, a critério do empregador doméstico.

Art. 5º Na Carteira de Trabalho e Previdência Social do empregado doméstico serão feitas, pelo respectivo empregador, as seguintes anotações:

I – data de admissão.

II – salário mensal ajustado.

III – início e término das férias.

IV – data da dispensa.

Art. 6º Após cada período contínuo de 12 (doze) meses de trabalho prestando à mesma pessoa ou família, a partir da vigência deste Regulamento, o empregado doméstico fará jus a férias remuneradas, nos termos da Consolidação das Leis do Trabalho, de 20 (vinte) dias úteis, ficando a critério do empregador doméstico a fixação do período correspondente.

Art. 7º Filiam-se à Previdência Social, como segurados obrigatórios, os que trabalham como empregados domésticos no território nacional, na forma do disposto na alínea I do art. 3º deste Regulamento.

Art. 8º O limite de 60 (sessenta) anos para filiação à Previdência Social, previsto no art. 4º do Decreto-Lei n. 710, de 28 de julho de 1969, não se aplica ao empregado doméstico que:

I – inscrito como segurado facultativo para todos os efeitos, nessa qualidade já vinha contribuindo na forma da legislação anterior.

II – já sendo segurado obrigatório, tenha adquirido ou venha a adquirir a condição de empregado doméstico após se desligar de emprego ou atividade de que decorria aquela situação.

Art. 9º Considerar-se-á inscrito para os efeitos da Lei n. 5.859, de 11 de dezembro de 1972, o empregado doméstico que se qualificar junto ao Instituto Nacional de Previdência Social, mediante apresentação da Carteira do Trabalho e Previdência Social.

§ 1º Os empregados domésticos, inscritos como segurados facultativos, passam, a partir da vigência deste Regulamento, a condição de segurados obrigatórios, independentemente de nova inscrição.

§ 2º A inscrição dos dependentes incumbe ao próprio segurado e será feita, sempre que possível, no ato de sua inscrição.

Art. 10. O auxílio-doença e a aposentadoria por invalidez do empregado doméstico serão devidos a contar da data de entrada do respectivo requerimento.

Art. 11. O custeio das prestações a que se refere o presente regulamento será atendido pelas seguintes contribuições:

I – do segurado, em percentagem correspondente a 8% (oito por cento) do seu salário-de-contribuição, assim considerados para os efeitos deste Regulamento, o valor do salário-mínimo regional.

II – do empregador doméstico, em quantia igual à que for devida pelo segurado.

Parágrafo único. Quando a admissão, dispensa ou afastamento do empregado doméstico ocorrer no curso do mês, a contribuição incidirá sobre 1/30 avos do salário-mínimo regional por dia de trabalho efetivamente prestado.

Art. 12. O recolhimento das contribuições, a cargo do empregador doméstico, será realizado na forma das instruções a serem baixadas pelo Instituto Nacional de Previdência Social, em formulário próprio, individualizado por empregado doméstico.

Parágrafo único. Não recolhendo na época própria as contribuições a seu cargo, ficará o empregador doméstico sujeito às penalidades previstas no art. 165 do Regulamento Geral da Previdência Social, aprovado pelo Decreto n. 60.501, de 14 de março de 1969.

Art. 13. Aplica-se ao empregado doméstico e respectivo empregador, no que couber, o disposto no Regulamento Geral da Previdência Social, aprovado pelo Decreto n. 60.501, de 14 de março de 1969.

Art. 14. O Ministro do Trabalho e Previdência Social baixará as instruções necessárias à execução do presente Regulamento.

Art. 15. O presente Regulamento entrará em vigor 30 (trinta) dias após sua publicação revogadas as disposições em contrário.

Medida Provisória n. 676, de 17 de junho de 2015

A PRESIDENTA DA REPÚBLICA, no uso da atribuição que lhe confere o art. 62 da Constituição, adota a seguinte Medida Provisória, com força de lei:

Art. 1º A Lei n. 8.213, de 24 de julho de 1991, passa a vigorar com as seguintes alterações:

"Art. 29-C. O segurado que preencher o requisito para a aposentadoria por tempo de contribuição poderá optar pela não incidência do fator previdenciário, no cálculo de sua aposentadoria, quando o total resultante da soma de sua idade e de seu tempo de contribuição, incluídas as frações, na data de requerimento da aposentadoria, for:

I - igual ou superior a noventa e cinco pontos, se homem, observando o tempo mínimo de contribuição de trinta e cinco anos; ou

II - igual ou superior a oitenta e cinco pontos, se mulher, observando o tempo mínimo de contribuição de trinta anos.

§ 1º As somas de idade e de tempo de contribuição previstas no *caput* serão majoradas em um ponto em:

I - 1º de janeiro de 2017;

II - 1º de janeiro de 2019;

III - 1º de janeiro de 2020;

IV - 1º de janeiro de 2021; e

V - 1º de janeiro de 2022.

§ 2º Para efeito de aplicação do disposto no *caput* e no § 1º, serão acrescidos cinco pontos à soma da idade com o tempo de contribuição do professor e da professora que comprovarem exclusivamente tempo de efetivo exercício de magistério na educação infantil e no ensino fundamental e médio." (NR)

Art. 2º Esta Medida Provisória entra em vigor na data de sua publicação.

Brasília, 17 de junho de 2015; 194º da Independência e 127º da República.

DILMA ROUSSEFF

Joaquim Vieira Ferreira Levy

Nelson Barbosa

Carlos Eduardo Gabas

GPS - GUIA DA PREVIDÊNCIA SOCIAL

EMPREGADO DOMÉSTICO

MINISTÉRIO DA PREVIDÊNCIA SOCIAL – MPS
INSTITUTO NACIONAL DO SEGURO SOCIAL - INSS
GUIA DA PREVIDÊNCIA SOCIAL - GPS

1. NOME OU RAZÃO SOCIAL/ FONE/ ENDEREÇO:	3. CÓDIGO DE PAGAMENTO	
	4. COMPETÊNCIA	
	5. IDENTIFICADOR	
	6. VALOR DO INSS	
	7.	
	8.	
	9. VALOR DE OUTRAS ENTIDADES	
2. VENCIMENTO (Uso do INSS)	10. ATM, MULTA E JUROS	
ATENÇÃO: É vedada a utilização de GPS para recolhimento de receita de valor inferior ao estipulado em Resolução publicada pelo INSS. A receita que resultar valor inferior deverá ser adicionada à contribuição ou importância correspondente nos meses subseqüentes, até que o total seja igual ou superior ao valor mínimo fixado.	11. TOTAL	
	12. AUTENTICAÇÃO BANCÁRIA	

Saiba como Calcular a Contribuição

1 1. NOME OU RAZÃO SOCIAL/ FONE/ ENDEREÇO:

Nome completo do contribuinte, telefone e endereço.

2 2. VENCIMENTO (Uso do INSS)

Data de vencimento. O recolhimento da contribuição para o empregado doméstico deve ser efetuado até o dia 7 de cada mês.

3 3. CÓDIGO DE PAGAMENTO

O código que deve ser usado para identificar a contribuição do empregado doméstico é o 1600.

4 4. COMPETÊNCIA

É o mês e o ano a que se refere o recolhimento (MM/AAAA).

5 5. IDENTIFICADOR

É o número de identificação do contribuinte junto ao INSS (NIT/PIS/PASEP).

6 6. VALOR DO INSS

O valor total da contribuição é a soma do total dos itens A e B conforme os quadros abaixo:

A+B= Valor do INSS

A) Parcela de contribuição que cabe ao empregado:

8%	9%	11%
Para quem recebe até R$ 1.399,12	De R$ 1.399,13 até R$ 2.331,88	De R$ 2.331,89 até R$ 4.663,75

B) Parcela de contribuição que cabe ao empregador:

12% sobre o salário independente da faixa salarial.

7 7.

Deixar em branco.

8 8.

Deixar em branco.

9 9. VALOR DE OUTRAS ENTIDADES

Deixar em branco.

10 10. ATM, MULTA E JUROS

Preencher com o valor da multa. Para calcular a multa, multiplique 0,33% pelo número de dias em atraso. (veja exemplos)

11 11. TOTAL

Soma dos campos 6 e 10. Caso não tenha multa a pagar (contribuição em dia), repita o valor do campo 6.

EXEMPLOS

Para quem recebe até R$ 1.399,12 (8%)

Josefa é dona de casa e sempre recolhe as contribuições previdenciárias tanto a seu cargo, quanto as que devem ser descontadas de Gildásio, seu empregado doméstico. Gildásio recebe R$ 788,00 de salário.

Por motivo de viagem, Josefa deixou de pagar a Guia das Previdência Social (GPS) referente ao mês de junho, com vencimento em 7 de julho, e pretende efetuar esse pagamento no dia 14 de julho.

Nesse caso, Josefa deverá fazer a seguinte conta:

Como o pagamento será feito 7 dias após a data de vencimento, o preenchimento da GPS será da seguinte forma:

Valor da contribuição sem atraso:

a) parte do Gildásio R$ 63,04 (8% de R$ 788,00)
+
b) parte da Josefa R$ 94,56 (12% de R$ 788,00)

VALOR DO INSS = R$ 157,60

Como o pagamento será feito 7 dias após a data de vencimento, deve-se multiplicar o percentual de multa, que é 0,33% x 7 = 2,31%.

Daí multiplica-se o percentual de multa pelo valor da contribuição: R$ 157,60 x 2,31% = R$ 3,64

Assim, o valor a ser recolhido será de R$ 157,60 + R$ 3,64 = **R$161,24**

Para quem recebe de R$ 1.399,13 até R$ 2.331,88 (9%)

Argélio esqueceu-se de pagar o INSS da sua empregada doméstica no mês de julho de 2015, apenas se atentando para esse fato no fim do mês, mais precisamente no dia 31 de agosto de 2015.

Como sua empregada recebe R$ 2.300,00 de salário, Argélio deverá fazer o seguinte cálculo para pagamento:

Valor da contribuição sem atraso:

a) parte da empregada R$ 207,00 (9% de R$ 2.300,00)
+
b) parte de Argélio R$ 276,00 (12% de R$ 2.300,00)

VALOR DO INSS = R$ 483,00

Como o pagamento será feito 24 dias após a data de vencimento, deve-se multiplicar o percentual da multa, que é 0,33%, pelo número de dias de atraso: 0,33% x 24 = 7,92%.

Daí multiplica-se o percentual de multa pelo valor da contribuição: R$ 483,00 x 7,92% = R$ 38,25

Assim, o valor a ser recolhido será de R$ 483,00 + R$ 38,25 = **R$ 521,25**

Obras do Autor

O empresário e a previdência social. São Paulo: LTr, 1978.

Rubricas integrantes e não integrantes do salário-de-contribuição. São Paulo: LTr, 1978.

Benefícios previdenciários do trabalhador rural. São Paulo: LTr, 1984.

O contribuinte em dobro e a previdência social. São Paulo: LTr, 1984.

O trabalhador rural e a previdência social. 2. ed. São Paulo: LTr, 1985.

Legislação da previdência social rural. 2. ed. São Paulo: LTr, 1986.

O salário-base na previdência social. São Paulo: LTr, 1986.

Legislação da previdência social. 5. ed. São Paulo: LTr, 1988.

A seguridade social na Constituição Federal. 2. ed. São Paulo: LTr, 1992.

O salário-de-contribuição na Lei Básica da Previdência Social. São Paulo: LTr, 1993.

Legislação da seguridade social. 7. ed. São Paulo: LTr, 1996.

Obrigações previdenciárias na construção civil. São Paulo: LTr, 1996.

Primeiras lições de previdência complementar. São Paulo: LTr, 1996.

Propostas de mudanças na seguridade social. São Paulo: LTr, 1996.

Direito dos idosos. São Paulo: LTr, 1997.

Novas contribuições na seguridade social. São Paulo: LTr, 1997.

Curso de Direito Previdenciário. São Paulo: LTr, 1998. Tomo III.

O salário-base dos contribuintes individuais. São Paulo: LTr, 1999.

Reforma da previdência social. São Paulo: LTr, 1999.

Estatuto dos Servidores Públicos Civis da União. 2. ed. São Paulo: LTr, 2000.

Fator Previdenciário em 420 perguntas e respostas. 2. ed. São Paulo: LTr, 2001.

Pareceres selecionados de previdência complementar. São Paulo: LTr, 2001.

Curso de direito previdenciário. tomo IV, 2. ed. São Paulo: LTr, 2002.

Prova de tempo de serviço. 3. ed. São Paulo: LTr, 2002.

Seguro-desemprego em 620 perguntas e respostas. 3. ed. São Paulo: LTr, 2002.

Comentários à Lei Básica da Previdência Complementar. São Paulo: LTr, 2003.

Curso de direito previdenciário. Tomo II, 2. ed. São Paulo: LTr, 2003.

Parecer jurídico: como solicitá-lo e elaborá-lo. São Paulo: LTr, 2003.

PPP na aposentadoria especial. 2. ed. São Paulo: LTr, 2003.

Retenção previdenciária do contribuinte individual. São Paulo: LTr, 2003.

Reforma da previdência dos servidores. São Paulo: LTr, 2004.

Curso de direito previdenciário. Tomo I, 3. ed. São Paulo: LTr, 2005.

Lei Básica da Previdência Social. 7. ed. São Paulo: LTr, 2005.

Portabilidade na previdência complementar. 2. ed. São Paulo: LTr, 2005.

Previdência social para principiantes — cartilha. São Paulo: LTr, 2005.

Auxílio-acidente. São Paulo: LTr, 2006.

Legislação previdenciária procedimental. São Paulo: LTr, 2006.

Manual prático do segurado facultativo. São Paulo: LTr, 2006.

Aposentadoria especial em 920 perguntas e respostas. 5. ed. São Paulo: LTr, 2007.

Curso de direito previdenciário. Tomo III, 2. ed. São Paulo: LTr, 2007.

Direito previdenciário procedimental. São Paulo: LTr, 2007.

Os crimes previdenciários no Código Penal. 2. ed. São Paulo: LTr, 2007.

Retirada de patrocinadora. São Paulo: LTr, 2007.

Prova e contraprova do nexo epidemiológico. São Paulo: LTr, 2008.

Subsídio para um modelo de previdência social para o Brasil. São Paulo: LTr, 2008.

A união homoafetiva no direito previdenciário. São Paulo: LTr, 2008.

Dano moral no direito previdenciário. 2. ed. São Paulo: LTr, 2009.

Comentários à Lei Básica da Previdência Social. Tomo II, 8. ed. São Paulo: LTr, 2009.

Comentários ao regulamento básico da OAB Prev. São Paulo: LTr, 2009.

Curso de direito previdenciário. Tomo IV, 3. ed. São Paulo: LTr, 2009.

Estágio profissional em 1420 perguntas e respostas. São Paulo: LTr, 2009.

Os deficientes no direito previdenciário. São Paulo: LTr, 2009.

Prova e contraprova do nexo epidemiológico. 2. ed. São Paulo: LTr, 2009.

Direito adquirido na previdência social. 3. ed. São Paulo: LTr, 2010.

Obrigações previdenciárias do contribuinte individual. 2 ed. São Paulo: LTr, 2010.

Curso de direito previdenciário. 3. ed. São Paulo: LTr, 2010.

Aposentadoria Especial. 5. ed. São Paulo, LTr, 2010.

Direito Elementar dos Presos. São Paulo: LTr, 2010.

Obrigações Previdenciárias do Contribuinte Individual. 2. ed São Paulo: LTr, 2010.

Comentários às Súmulas Previdenciárias. São Paulo: LTr, 2011.

Aposentadoria especial do servidor. São Paulo: LTr, 2011.

A arte de aposentar-se. São Paulo: LTr, 2011.

Comentários ao estatuto do idoso. 3. ed. São Paulo: LTr, 2012.

A prova no direito previdenciário. 3. ed. São Paulo: LTr, 2012.

Tratado prático da pensão por morte. São Paulo: LTr, 2012.

Comentários ao acordo de previdência social Brasil-Japão. São Paulo: LTr, 2012.

Previdência social para principiantes — Cartilha. 4. ed. São Paulo: LTr, 2013.

Dicionário Novaes de direito previdenciário. São Paulo: LTr, 2013.

Curso de direito previdenciário. 6. ed. São Paulo: LTr, 2014.

Aposentadoria especial. 6. ed. São Paulo: LTr, 2014.

Benefícios previdenciários das pessoas com deficiência. São Paulo: LTr, 2014.

Aposentadoria especial do servidor público. 3. ed. São Paulo: LTr, 2014.

Previdência social ao alcance de todos. São Paulo: LTr, 2014.

Previdência complementar associativa. São Paulo: LTr, 2014.

Princípios de direito previdenciário. 6. ed. São Paulo: LTr, 2015.

Desaposentação. 7. ed. São Paulo: LTr, 2015.

Em coautoria:

Temas — Administrativo Social. 1988.

Contribuições sociais — Questões polêmicas. Dialética, 1995.

Noções atuais de direito do trabalho. São Paulo: LTr, 1995.

Contribuições sociais — Questões atuais. São Paulo: Dialética, 1996.

Manual dos direitos do trabalhador. 3. ed. São Paulo: Editora do Autor, 1996.

Legislação da previdência social. Rede Brasil, 1997.

Processo Administrativo Fiscal. 2. v. São Paulo: Dialética, 1997.

Dez anos de contribuição. São Paulo: Editora Celso Bastos, 1998.

Estudos ao direito. Homenagem a Washington Luiz da Trindade. São Paulo: LTr, 1998.

Introdução ao direito previdenciário. LTr-ANPREV, 1998.

Perspectivas atuais do direito, 1998.

Processo administrativo fiscal. 3. v., 1998.

Temas administrativo social. 1988.

Temas atuais de previdência social — Homenagem a Celso Barroso Leite. São Paulo: LTr, 1998.

Contribuição previdenciária. São Paulo: Dialética, 1999.

A previdência social hoje. LTr, 2005.

Temas atuais de direito do trabalho e direito previdenciário rural — Homenagem a Antenor Pelegrino. São Paulo: LTr, 2006.

Curso de Direito Complementar, São Paulo, LTr, 2014.

Não jurídicos:

O tesouro da Ilha Jacaré. São Paulo: CEJA, 2001.

Manual do Pseudo-intelectual. São Paulo: Apanova, 2002.

Contando com o vento. São Paulo: Apanova, 2003.

Estórias do Zé Novaes. São Paulo, edição do autor, 2008.

O milagre de Anna Roza. Vinhedo, edição do autor, 2011.

Perambulanças de Juca Raposa. Vinhedo, edição do autor, 2013.

Mulheres sensíveis amam homens inteligentes. Vinhedo, edição do autor, 2013.

Navegando a barlavento. Vinhedo, edição do autor, 2013.

O Reino das Hortaliças. Vinhedo, edição do autor, 2013.

Homem do Poço. Vinhedo, edição do autor, 2015.

Navegando a Sotavento. Vinhedo. (no prelo)

Projeto Gráfico e Editoração Eletrônica: Peter Fritz Strotbek
Projeto de Capa: Fabio Giglio
Impressão: Orgrafic